本书由以下项目和机构资助出版：

广东省哲学社会科学规划2019年度一般项目"认知神经科学视角下ADHD儿童的注意训练干预研究"（项目编号：GD19CJY18）、广东省特殊儿童发展与教育重点实验室（2019年度）（项目编号：2019B121203013）、特殊儿童心理评估与康复广东省高校哲学社会科学重点实验室项目"父母教养方式在ADHD儿童核心缺陷发展中的作用机制及干预研究"（项目编号：2017SYSZD03）、广东省协同创新平台——粤台教师教育协同创新发展中心资助项目"粤西地区儿童注意缺陷多动障碍的流行病学调查及影响因素分析"（项目编号：YTXY1712）、岭南师范学院校级重点项目"正性面孔注意偏向训练对社交焦虑的影响及干预研究"（项目编号：WZ1806）、湛江市中小学教育科学"十三五"规划重点课题"湛江市小学生注意缺陷多动障碍的调查及教育对策研究"（项目编号：2019ZJZD026）、中国—东盟教育文化发展研究中心项目"柬埔寨华裔新生代中华文化认同研究"（项目编号：2018YB01）、岭南师范学院南海丝绸之路协同创新中心项目"'一带一路'背景下粤西—环北部湾地区心理健康教育合作模式及实施路径研究"（项目编号：20184L04）。

创伤后应激障碍与认知

杨慧芳 张长征————著

中央编译出版社
Central Compilation & Translation Press

图书在版编目 (CIP) 数据

创伤后应激障碍与认知 / 杨慧芳,张长征著. —北京:中央编译出版社,2021.2
ISBN 978-7-5117-3821-9

Ⅰ. ①创…
Ⅱ. ①杨… ②张…
Ⅲ. ①心理应激-研究
Ⅳ. ① B845

中国版本图书馆 CIP 数据核字 (2019) 第 294077 号

创伤后应激障碍与认知

责任编辑:	朱瑞雪　李南男
责任印制:	刘　慧
出版发行:	中央编译出版社
地　　址:	北京西城区车公庄大街乙 5 号鸿儒大厦 B 座(100044)
电　　话:	(010) 52612345(总编室)　　(010) 52612341(编辑室)
	(010) 52612316(发行部)　　(010) 52612346(馆配部)
传　　真:	(010) 66515838
经　　销:	全国新华书店
印　　刷:	北京汇林印务有限公司
开　　本:	880 毫米 ×1230 毫米　1/32
字　　数:	100 千字
印　　张:	6.5
版　　次:	2021 年 2 月第 1 版
印　　次:	2021 年 2 月第 1 版第 1 次印刷
定　　价:	38.00 元
网　　址:	www.cctphome.com　　邮　箱: cctp@cctphome.com
新浪微博:	@中央编译出版社　　微　信: 中央编译出版社 (ID: cctphome)
淘宝店铺:	中央编译出版社直销店 (http://shop108367160.taobao.com) (010) 55626985

本社常年法律顾问: 北京市吴栾赵阎律师事务所律师　闫军　梁勤
凡有印装质量问题,本社负责调换,电话:(010) 55626985

目　　录

第一章　创伤后应激障碍与认知综述 …………………………… **001**
　一、创伤后应激障碍概述 …………………………… **002**
　二、创伤后应激障碍与认知受损 …………………… **025**
　三、创伤后应激障碍相关理论 ……………………… **028**
　四、创伤后应激障碍的认知研究范式 ……………… **048**

第二章　创伤后应激障碍与认知的理论基础 …………………… **055**
　一、与创伤后应激障碍记忆相关的理论及研究 …… **055**
　二、创伤后应激障碍的双重表征理论 ……………… **073**
　三、创伤后应激障碍的动物模型 …………………… **086**
　四、创伤后应激障碍认知受损的神经机制 ………… **098**
　五、创伤后应激障碍性别差异及相关研究 ………… **114**

I

第三章 创伤后应激障碍与认知的相关研究 ················ **131**

一、创伤个体注意控制、焦虑及情绪对闯入记忆的影响 ················ **131**

二、高低创伤经历个体的 Stroop 干扰效应及性别差异研究 ················ **143**

三、创伤模拟情境下情绪启动对注意偏向的影响 ··· **153**

参考文献················ **167**

第一章　创伤后应激障碍与认知综述

人类发展的历史进程总是伴随着各种战争。在近几个世纪的战争中，人们发现创伤性事件会导致心理障碍。其中，创伤后应激障碍（posttraumatic stress disorder，PTSD）是最典型、最常见的一种心理问题。

PTSD 的概念最早起源于战争。在《荷马史诗》的《奥德赛》一书中，经历了特洛伊战争后的奥德修斯体验了闪回和幸存者内疚感。在美国南北战争时期，人们也识别和记录了与战争有关的应激和创伤。1871 年，科斯塔（Jacob Mendez Da Costa）第一次用 PTSD 描述了美国内战老兵中出现的一些精神症状(Vaisrub, 1975)。老兵在已脱离了战争背景的情况下，却不断重复体验着战争场景：死伤的战友、枪炮声和满目的杀戮。他们经历了睡眠障碍、对生活失去兴趣并活在零碎的记忆中。一些描述以上症状的术语开始出现，如"炮弹休克""战争神经症"等描述了幸存者对灾难性事件的常见反应。

相似的症状在第一世界大战、第二次世界大战、朝鲜战争、越南战争以及海湾战争后也曾出现，由此引起心理学专家对退伍老兵心理的关注，特别是对越南战争退伍老兵的研究，极大地推动了PTSD相关研究。从这之后，退役老兵中较高的PTSD患病率得到了心理学者的重视，开始有大量研究关注PTSD(Beals et al., 2002)。

PTSD经常引发创伤再体验、持续回避与创伤相关的刺激、心境消极改变以及警觉性增高等，并且往往与抑郁障碍、焦虑障碍、物质滥用障碍和人格障碍等其他精神疾病共病，严重影响患者的心理社会功能。近年来，随着各种各样的自然灾害及人为灾难的频繁发生，尤其在2008年我国四川的汶川大地震之后，PTSD研究主题更是受到国内外学术界的普遍关注。

一、创伤后应激障碍概述

1. PTSD的定义

1980年，美国精神病学会（American Psychiatric Association，APA）第一次将PTSD的诊断纳入《精神疾病诊断与统计手册》

第三版 (*Diagnostic and Statistical Manual of Mental Disorders*, DSM DSM-III) 中。自此 PTSD 成为一个独立的医学诊断类别。之后，PTSD 的症状、病因、神经生物学因素及干预治疗和并发症研究开始得到全面发展。

创伤后应激障碍是指人们由于遭受异于寻常的威胁性、灾难性的创伤性事件后，延迟出现或长期存在的最典型、最常见的一种心身障碍。可能引起 PTSD 的创伤性事件包括：直接经历如自然灾害、战争、突发事故、性侵等事件；目睹他人发生以上创伤性事件；得知家人或朋友暴露于创伤性事件；反复经历创伤性事件的细节。

PTSD 最初是用来描述各类创伤性战争经历后的种种结果，称为"战争疲劳"。后来发现，在个体经历威胁生命的事件之后，都可能出现这种结果。其引发原因可以从自然灾害、各种事故、刑事暴力、虐待、战争等大的事件，到包括生活中各种琐事，如夫妻间的争吵、家庭关系不和、经济压力、对考试的担忧等。这种压力既可以是直接经历，如直接受伤，也可以是间接经历，如亲眼目睹他人死亡或受伤（邓明昱，2010）。

2. PTSD 的分类

创伤后应激障碍一般分为以下两种。

2.1 急性创伤性应激障碍（ASD）

急性创伤性应激障碍（acute stress disorder，ASD）是一种暂时性的心理创伤，即一次性的冲击体验，症状在几天或几周内可减轻消失，康复的可能性很大。有文献指出通常情况下，在经历创伤性事件后，大约 50% 的经历者在创伤性事件发生后的三个月之内复原，接近 30% 的经历者可以完全康复，而 40% 的经历者可能有轻微症状，此类人群更多经历的是急性创伤性应激障碍（刘刚，2011）。

2.2 慢性创伤性应激障碍 (PTSD)

慢性创伤性应激障碍 (posttraumatic stress disorder，PTSD) 是一种慢性的心理创伤体验，症状往往持续一个月以上，并容易转化为抑郁症、焦虑症、妄想等心理疾患，同时伴随着社会功能的泛化。据调查，在经历创伤性事件后，约有 20% 的来访者有较严重的症状且持续一段时间，10% 的来访者症状一直持续，不能自我调节甚至变得更加严重，此类人群可能罹患有 PTSD（刘刚，2011）。

本书主要讨论的是慢性创伤性应激障碍，即 PTSD。

3．PTSD 的临床表现

在《精神疾病诊断与统计手册》第四版（DSM-IV）和第四版修订版（DSM-IV-TR）中，PTSD 有三大核心症状：创伤性体验的反复重现、持续的回避、持续的警觉性增高（American

Psychiatric Association.Posttraumatic Stress Disorder，2000）。在 2013 年 5 月出版的《精神疾病诊断与统计手册》第五版（DSM-V）中，将"持续的回避"分为两种："持续回避与创伤事件相关的刺激"及"和创伤事件有关的认知和心境方面的消极改变"（APA，2013）。因此，PTSD 现在有四组核心症状。

美国《精神障碍诊断和统计手册》第五版（DSM-V）于 2013 年对 PTSD 的临床表现做了调整，将"持续的回避"分为两种情况，目前 PTSD 临床表现为四组症状。

（1）创伤体验的反复重现。患者以非自主的形式重新经历创伤性事件，如梦中频繁出现创伤性事件的场景（梦魇），接触与创伤性事件相关的场景或线索时出现心跳加速、流汗等生理或心理反应。

（2）回避症状群。患者不希望谈论起与自我创伤相关的情况，甚至对其"选择性失忆"。

（3）认知和心境的消极改变。患者情感麻木，与人疏远，对曾经热衷的事物也难有兴趣。

（4）警觉性增高。患者易被他人激怒，情绪不稳定，出现夸张的惊吓反应，产生攻击他人或自我伤害的行为。除了上述四组典型的临床表现外，PTSD 还常常伴随着注意力难以集中和睡眠障碍等现象。

4．PTSD 的诊断要点

对于 PTSD 的诊断要点可归纳如下。

（1）暴露于一种或多种创伤事件中，既可以是直接经历，也可以是见证创伤性事件在他人身上发生。

（2）持续的创伤体验的反复重现。

（3）与创伤相关的认知和心境的消极改变。

（4）持续地回避与创伤有关的事物。

（5）警觉性增高且易激惹。

（6）症状持续至少一个月。

（7）伴有临床上显著的痛苦及社会功能障碍。

若在创伤性事件发生后一个月内，出现了 PTSD 四组症状中的一组或几组，但缺乏明显的精神病症状，可考虑诊断为 ASD；出现了精神病症状，可考虑诊断为短暂精神病性障碍。

5．PTSD 的影响因素

PTSD 的影响因素非常多，根据以往研究，主要分为以下几类。

5.1 生物因素

5.1.1 生理因素

无论创伤前是否存在易感因素，只要创伤强度达到一定水平，均能导致 PTSD 的发生。PTSD 的大部分临床症状与应激事件发生后立即出现的症状相似，包括：闯入性记忆、持续回避、消极的认知和心境以及高警觉。在这四类症状中，持续性再体验和高警觉通常在受到应激后很快就会出现，持续性回避会出现得晚些，它经常被作为 PTSD 的诊断标准，只有当患者的上述症状持续一个月以上时才能被确诊为 PTSD。PTSD 患者的神经、内分泌、免疫系统均会出现功能紊乱，下丘脑—垂体—肾上腺轴(The hypothalamic-pituitary-adrenal axis，HPA 或 HTPA 轴)通过负反馈抑制对调控以上三个系统起关键作用。皮质醇既是 HPA 轴分泌的主要激素，也是体内的主要应激激素，下丘脑分泌促肾上腺皮质激素释放激素 (corticotropin releasing hormone，CRH) 刺激皮质醇释放，它再通过负反馈作用来影响下丘脑和垂体。强烈的心理创伤，比如：性虐待，会导致 CRH 水平增加、HPA 轴失调，改变机体对刺激的反应。同时，谷氨酸能、5-羟色胺能以及肾上腺素系统障碍同样也是导致 PTSD 症状的机体障碍和功能失常的根本原因。另外，伤后的干预、处理方法、手术治疗的痛苦体验，对自身疾病信息的了解、理解程度等也与 PTSD 的发生有关。

5.1.2 遗传因素

有精神障碍，如抑郁症、焦虑障碍，酒和药物依赖患者，PTSD 发病率明显增高。研究发现，具有遗传易感素质的个体即使遇到较低强度的应激事件也可能导致 PTSD,并有家族聚集发病的趋势,患者下一代的发病危险高达 50%。有研究者对 4042 例患有创伤后应激障碍的男性双生子进行了调查,结果显示,PTSD 的所有症状均受到了遗传因素的影响,其中遗传因素可解释核心症状的 13%–34%。在分子遗传学的相关研究上,有研究者调查发现,创伤后应激障碍患者中 A1 等位基因的频率显著高于未患病且有战争经历的同期参战军人,同时发现创伤后应激障碍核心症状的严重程度与 A1 等位基因频率显著相关。

5.1.3 催产素因素

催产素(oxytocin)是一种肽类激素,由垂体后叶分泌,由下丘脑室旁核和视上核合成,由 9 个氨基酸组成,以每天 2—3 毫米的速度转运至神经垂体释放。它的生理作用是刺激乳腺分泌乳汁,在分娩过程中促进子宫平滑肌的收缩,促进母爱。此外,它还能减少人体内肾上腺酮等压力激素的水平,以降低血压。它并非女人的专利,男女均可分泌。催产素是在每种想象中的愉快的社会交往中释放出来的。一次愉快的谈话、做爱、按摩、拥抱、爱狗、推特,这些都能刺激催产素的产生。饱腹或性行为良好的满足感是催产素与调节奖赏和愉悦感的系统相互作用的很好例子。

通过给健康志愿者注射催产素会影响其应激反应(Kirsch et al., 2005)。健康的受试者在闻了催产素后,对可怕画面的反应就不那么可怕了。因此，催产素能够为患有创伤后应激障碍和相应的过度活跃报警中心和压力反应的人提供一些缓解作用。

研究已经证实，催产素能降低退伍军人创伤后应激障碍的心理、生理应激反应。特别针对创伤后应激障碍患者的一项研究结果表明，闻催产素至少能使急性创伤后应激障碍的症状减轻（Yatzkar & Klein，2009）。

此外，催产素还可能对社会互动产生积极影响，减少创伤后应激障碍患者的情感麻木。催产素可以刺激伏隔核——大脑中与"社会回报"有关的部分（Sailer et al.，2008）。

5.2 人格因素

5.2.1 人格特质因素

人格特质是人们在大多数情境下表现出来的稳定特点，表现在思维、情感、意志行为等一致模式中倾向稳定的个体差异上，其中三个最主要的维度是：正性情绪性/外倾性、负性情绪性/神经质和约束/抑制。多项研究均表明，PTSD症状的存在和发展都与人格特质这三个维度显著相关。

人格特质影响创伤后应激障碍的发生，特别是神经质和外向性；两种人格特质。研究发现神经质水平高的参与者发生创伤后应激障碍的风险较高。然而，这项研究测量了参与者在烧伤后的个性特征，这可能意味着创伤性事件或烧伤本身的经历可能影响这些价值(Hobbs, 2015)。

研究也发现神经质是出院后 1 个月和 6 个月烧伤患者 PTSD 最重要的预测指标。然而，这并不是一个因果关系，只是表明两个变量之间的相关。外向性也被发现与 PTSD 有显著相关，高的外向性水平与较低的 PTSD 水平有关。同样，从这些数据中做出因果推论是不明智的，因为它只能证明存在相关关系，而不是它的方向。相反，我们有理由认为这种关系可能是由于外向性高的人可能更愿意讨论创伤性事件的因素，这已被证明可以降低 PTSD 的风险。

5.2.2 个性因素

依赖型人格障碍、边缘型人格障碍以及反社会型人格障碍等均可妨碍人们成功应对创伤导致的 PTSD。病前患其他焦虑谱系障碍的个体对 PTSD 高度易感。个性特征表现为情绪倾向不稳定、高掩饰性的个体更易患 PTSD，特别是性格内向，具有神经质倾向，儿童时期有行为问题，受教育程度低的个体在创伤后发生应激障碍的可能性更大。研究发现，情商高的个体很少表现出与创伤体验相关的症状，同时发现情商的高低与个体的应对策略相关，高情商的个体倾向使用监控策略，低情商的个体倾向使用迟钝策略。因此，培养高情商监控策略对降低个体 PTSD 易感性有着重要意义。

5.3 环境因素

5.3.1 家庭

家庭关系　父母与孩子的依恋关系对儿童和青少年身心健康

的发展至关重要,而创伤经历会以多种方式影响亲子依恋关系。利伯曼指出儿童和青少年的依恋质量和父母应对他们创伤反应的敏感性深刻地影响着儿童和青少年从创伤性事件中恢复的能力。

家庭功能 家庭功能的定义是建立在家庭功能理论的基础上的,当前家庭功能理论主要有两种取向:过程取向理论和结果取向理论。国内外许多学者对儿童和青少年PTSD患者的家庭功能进行了研究,多项研究表明,更开放的家庭沟通与PTSD症状较低显著正相关。家庭功能不良会对个人从PTSD治疗中获益的能力产生负面影响,并与较差的结果相关联。

家庭治疗 菲格利(Figley,1988)是家庭创伤治疗的早期研究者,他和他的同事认为家庭治疗是治疗PTSD最有效的方法,提出了家庭PTSD的五阶段治疗法,这些阶段是:(1)建立对治疗目标的承诺;(2)构建问题;(3)重构问题;(4)形成一个家庭治疗理论;(5)有准备地结束治疗。该治疗方法证明多家庭群体心理教育对于PTSD治疗是有用的。

5.3.2 学校

学校是儿童和青少年成长和学习的主要场所,学校的破坏可能给学生带来更多的创伤后应激障碍,使其无法得到安全感,表现出更多的不适应行为。如果该地区发生了地震等自然灾害。学校工作缓慢,无法恢复先前的生活方式,儿童和青少年会对当前生活失望，产生退缩行为和抑郁感受，进而引发一系列失调症状。所以，有时候我们的学校遭到破坏也会影响儿童和青少年，他们的创伤性行为障碍便会被慢慢放大至一发不可收拾。

5.3.3 社会支持因素

社会支持是指一个人通过社会联系所能给他人在精神上的支持，即在社会中被尊重、被理解、被同情的主观体验，是人们通过社会联系所获得的能减轻应激反应、缓解情绪、提高适应能力的各种影响，它能提高伤员的心理应付能力，有像"缓冲垫"一样的保护作用。良好的社会支持系统对缓解PTSD的发生起着重要的作用，而丧偶、离婚、分居和独居者较易发生PTSD。伤者如得不到足够的社会支持，会增加创伤后应激障碍的发生机率；伤者对社会支持越满意，其创伤后应激障碍发生的危险性越小。

5.4 人口变量因素

有研究表明创伤后患者的应激状况与患者的性别、年龄、职业、收入等人口变量有密切关系，通常女性、年龄较大、收入较低者更容易患PTSD。

5.4.1 年龄因素

年龄可能影响PTSD，因为儿童和青少年没有发育完全，他们在情绪上更容易受到灾难的破坏性影响。地震创伤受害者报告的创伤后应激障碍患病率从10%到67%不等，取决于创伤的性质，调查时间和抽样人群。在6.7里氏震级地震后3个月，在加利福尼亚州北岭，灾难性人群中创伤后应激障碍的发生率为13%。台湾省中部地区1999年地震发生10个月后，只有10.3%的人口被观察到患有创伤后应激障碍。然而，研究发现青少年创伤后应激障碍患病率达66.7%，在地震发生一年后，幸存者的创伤后应激障碍率为16.5%，但对地震发生两年后房屋受灾的调查显示，创伤后应激障碍的患病率达到20.9%(Guiying You &Junying Li, 2013)。以上表明，青少年比成人更容易发展为创伤后应激障碍。

5.4.2 性别因素

在暴露于潜在的创伤性事件以及随后的PTSD中，大量研究已经确立了明显的性别差异。对于男性和女性来说，被暴露于潜在的创伤性事件是非常普遍的，大多数美国人报告了在其一生中至少经历过一次创伤性事件，尽管男性有更高的创伤暴露的风险，女性在暴露于创伤性事件后更可能发展为PTSD。大量研究表明，女性的PTSD患病率是男性的2—3倍 (Kessler, Petukhova, Sampson et al., 2012)，一项关于PTSD终身患病率的研究数据表明，男性为4%，女性则接近12% (Kessler et al., 2012)。通过对一系列人口采用各种不同测量方法进行的研究都得出了这种潜在的性别差异结论 (Tolin & Foa, 2006)。在对总人口的研究中已经确认，女性会增加罹患PTSD的风险，这种结论适用于当女性被暴露于许多特定类型的潜在创伤性事件后 (Tolin & Foa, 2006)，包括了人为的和自然的特大灾难和攻击性暴力 (Pulcino et al., 2003)。

然而，这种性别差异并非绝对。例如，当研究那些发展为 PTSD 的特定的非常高的风险事件，包括性侵和儿童期虐待时，男女两性发展为 PTSD 的相对风险相同甚至有时候会相反，表明男性在这些事件后，有着更为重大的发展为 PTSD 的风险 (Kessler et al., 1995)。

此外，即使当创伤暴露的水平被控制时，近期关于包括那些在阿富汗和伊拉克战争期间被暴露于战争的士兵、应急反应者和警察的特殊群体的研究，并没有展现出期待的性别差异，相反却表明男性和女性之间有更为相等的 PTSD 发展风险 (Street, Gradus, G 先天警报系统 son, Vogt, & Resick, 2013)。

鉴于这些与"女性是 PTSD 的更高风险者"定律相对立或相反的研究结论，一些研究者提出，该定律具有一定局限性。大众广为接受的对 PTSD 性别差异的理解可能反映了最初基于流行病学数据的过于简化的解释，没有考虑到特定创伤性事件类型的不同影响或性别角色的影响 (Villamor & Sáez de Adana, 2015)。对特定类型创伤经历的深入研究则排除或推翻了有关 PTSD 性别差异的预期模式，而且这类研究会越来越多。

5.5 个体自身等因素

5.5.1 儿童期的逆境

有研究把儿童期逆境（childhood adversities）定义为个体在 18 岁以前发生的 12 种逆境（McLaughlin et al., 2017）。包括 3 类

人际丧失（父母死亡、父母离婚以及其他与父母/照顾者接触的丧失），4类父母适应不良（精神问题、物质滥用、犯罪和家庭暴力），3类虐待（身体虐待、性虐待和忽视），儿童严重的身体疾病，以及经济上的逆境。

儿童期逆境反映了适应不良的家庭功能（Scott et al., 2010）。与其他儿童期逆境以及家庭功能适应不良和儿童期逆境的联合作用相比，一些严重的儿童期逆境——包括儿童期虐待（child maltreatment），父母精神疾病以及家庭暴力——与心理疾病有更强的相关 (Schnurr et al., 2004)。在大量关于被暴露于创伤性事件的成人研究中，研究反复证实儿童期虐待预测了PTSD。

那些在儿童期遭受虐待的成人报告了更高比率的PTSD。尽管所有形式的儿童虐待均与增加的PTSD风险相关，但是这种效果对于儿童性虐待、情绪虐待、其他儿童期逆境经历背景下的虐待以及累积虐待更明显（Messman-Moore & Bhuptani，2017）。

儿童期虐待会带来大量长期的有害影响，其中一种就是PTSD (Kisiel et al., 2014)。儿童期遭受过虐待的成人幸存者，其患病率约为30%—38% (Widom, 1999)，PTSD终生患病率约为7.8% (Kessler et al., 1995)。此外，PTSD还会与情绪失调共病，产生包括物质滥用、饮食失调和边缘型人格障碍等症状。

那些儿童期经历了各种逆境的成人将面临更高的当前和终生PTSD风险。一项针对那些儿童期经受过虐待（身体虐待、性虐待或忽视）成人的长达 20 年的研究 (Widom, 1999) 表明，他们与没有童年虐待史的对照组相比，更可能被诊断为终生 PTSD(30.9：20.4)，并且当前被诊断为 PTSD 的人数是对照组的两倍。暴露于几种儿童虐待和忽视（包括目睹人际暴力）与成人期更高的 PTSD 风险相关。

众所周知，对于那些经历了广泛儿童期逆境的个体来说，尽管更多普遍的压力性生活事件与焦虑、心境障碍和物质滥用的相关更高，但尚不清楚的是，较广泛的儿童期逆境与创伤性事件后增加的 PTSD 易感性是否具有相似的相关性 (Myers et al., 2014)。不清楚的是，是否在任何类型创伤性事件后，儿童期虐待与广泛的 PTSD 易感性相关联，或者，这些关联对于特定类型的创伤性事件是否更为显著。考虑到后一种可能性，PTSD 风险随着创伤性事件类型而显著变化，最显著的是儿童期受到身体暴力侵害的，在成人后经受了同样类型的创伤性事件后，其 PTSD 风险显著升高。

5.5.2 社会支持因素

社会支持是指个人可以获得归属感、安全感以及自尊的社会网络（张本、徐广明、王学义等，2002）。在许多与 PTSD 相关的研究中，很多都提及了社会支持的影响，几乎所有的研究者都认为社会支持是 PTSD 的有效保护因子。

社会支持被认为是心理恢复的基石之一 (Hobfoll et al., 2007)，社会支持的增加往往与更低的精神问题风险相关 (Goldmann &

Galea, 2014)。社会支持的有效性受几个因素影响，诸如支持的来源 (Halbesleben, 2006) 和文化 (Chen et al., 2012)。时间因素在灾难背景下也很关键：随着时间流逝，社会支持会越来越糟糕 (Kan先天警报系统ty & Norris, 1995)。大量关于 PTSD 研究的元分析表明，缺乏社会支持是一个风险因素，拥有社会支持则是一个保护性因素 (Brewin et al., 2000)。

卡尼亚斯蒂和诺里斯（Kanty & Norris，2009）强调了社会支持这一概念的三个方面：(1) 实际帮助的接受；(2) 对于可以得到的支持的知觉；(3) 融入一个由爱心人士组成的社会网络中。社会支持的这些方面在灾难事件后对心理影响起到了独一无二的作用。尤其，由卡尼亚斯蒂和诺里斯（Kan先天警报系统ty&Norris, 1993, 1995, 2009) 发展起来的社会支持恶化遏制 (Social Support Deterioration Deterrence，SSDD) 模型提出，当接收到的帮助影响到对社会支持的知觉时，知觉到的社会支持直接影响心理结果。由此，接收到的社会支持间接地影响到心理结果。该模型还指出，社会支持的动员和利用在灾难的不同时间段是不同且不平衡的。社会支持的动员受社会地位以及其他资源等灾难前因素的影响，它们决定了个体在接受社会支持中会处于相对有利或不利的地位。尽管那些有着更严重创伤暴露史的人们会经历更多心理痛苦，但由于被认为比那些较少严重创伤暴露史的人更需要社会支持，所以他们更可能接受更多的社会支持。

大量研究表明，灾难过后社会支持是有益的，但对于救灾人员来说，何种程度的社会支持是有益的仍是未知的。在灾难事件后，救灾人员的职业任务是"保护和保全生命、财产和环境"（Prati & Pietrantoni，2010）。除了是社会支持提供者之外，这些个体也是支持的接受者。此外，救灾人员通常会融入一个有共同经历的个体组成的群体中，并在该组织中工作。因此，就社会支持而言，救灾人员本身尽管可以系统地接受社会支持，但他们具有系统提供社会支持的独特背景。

菲妮（Feeney，2015）的理论认为社会支持能够提供一个舒适的环境和情感慰藉，以传达谅解和接纳，有助于缓解不利的境况；予以受创的个体安全和保护，保护个体远离负性的应激源，从而减少负面影响，如抑郁症和PTSD。潘那杰蒂（Panagioti，2014)对56名PTSD症状阳性的患者进行了自杀行为问卷调查，结果显示社会支持有助于恢复患者的复原力，并且减少其自杀意念和行为的发展。社会支持作为一种外部资源能够起到缓冲压力的作用，较低的社会支持会促进PTSD的发生，而且PTSD的症状越严重对社会支持的削弱作用越强（Wagner et al., 2016）。

5.5.3 认知因素

（Ehlers & Clark，2000）提出了PTSD的认知模型，认为个体对创伤性事件及其后果的评估对创伤后适应的影响很大，对自身和世界的负面评价可能导致对事件后果和消极反应夸大的感知。一系列研究表明，创伤暴露后对自身和世界的负面评价可以预测 PTSD 症状。

认知对于 PTSD 的形成和发展具有重要作用。同样经历了创伤事件，为什么有些人发展为 PTSD，而有些人却不受影响？其中一个重要的决定因素就在于认知的差异。通常，PTSD 被归为一种焦虑症状。当试图从认知的角度来概念化 PTSD 时，人们却会产生一些困惑。在认知模型内，焦虑是与即将发生的威胁相关的评价结果。然而，问题在于，PTSD 是对于已经发生的事情记忆的一种症状。这种明显的困惑可以被解决掉：通常只有当个体以产生某种严重的当前威胁感的方式加工创伤性事件或其后遗症时，长期的 PTSD 才会发生。认知模型提出，导致某种当前威胁感的关键过程之一，就在于对创伤及其后果评价的个体差异。

一旦当前的威胁感被激活，对当前威胁的知觉会伴随着闯入和其他再体验症状、唤起症状、焦虑和其他情绪反应。知觉到的威胁也激活了一系列行为和认知反应，目的本来是在短期内试图减少知觉到的威胁和痛苦，但结果却妨碍了认知改变并因此而维持了症状。

对于创伤及其结果的认知评价会影响个体是否发展为 PTSD。与那些自然恢复的个体不同，患长期 PTSD 的个体不能把创伤看作一个有时间限制的事件。认知模型指出，这些个体的特点在于对创伤性事件及其结果具有独特的负面评价，由此会普遍导致一种严重的当前威胁感。这种威胁感可以是外在的（如世界是一个更危险的地方）或内在的（如对于自身看法的威胁，原来认为自己是一个有能力的／可接受的人，能够达到重要的人生目标）。

其一，对创伤性事件的评价是一个重要的认知因素。几种对创伤性事件的评价能产生当前威胁感。第一，个体可能从该事件中过度概括，并且作为一种后果，将一系列日常活动看得比实际上更危险。他们通常可能夸大未来灾难事件发生的概率或以创伤性事件在自己而非他人身上发生为例，证实自己的认知诸如"我吸引灾难"或"坏事总是发生在我身上"。这些评价不仅产生情境性的恐惧，而且产生回避从而维持恐惧的过度概括。如在经历道路交通事故后回避驾驶。第二，在创伤性事件期间个体感受或行为方式的认知会具有长期的威胁意义。

其二，对创伤后果的认知评价也是一个重要的认知因素。对创伤性事件的多种特异性的、负面的认知会产生严重的当前威胁感并导致长期的PTSD。这些包括：对于最初的PTSD症状的解释，对于事件后他人反应的解释，以及创伤在其他生活领域影响的认知评价（例如，类似疼痛等对身体的影响以及经济或职业的影响）。在创伤性事件后，一些症状诸如闯入性的回忆和闪回，易激惹和情绪波动，不能集中注意力和情感麻木等都是创伤性事件不久后的通常反应。如果个体不能将这些症状看成恢复过程中的正常部分，可能将其解释为一些象征，表明他们已经永久地变得更糟糕或表明对其身体和心理健康的威胁(Ehlers & Steil, 1995)。

PTSD 个体独特的认知会引发相应的情绪反应。长期 PTSD 个体主导的情绪反应性质取决于特定的认知(Beck, 1976)。关于知觉到的危险认知导致恐惧（如"没有地方是安全的"），关于违反个人规则和不公平的认知导致愤怒（如"他人没有公平地对待我"），关于个体对创伤性事件的责任或事件结果的认知导致罪恶感（如"是我的错"），关于个体违背了重要的内在准则的认知导致羞耻感（如"我做了卑鄙的事情"），关于知觉到的失落导致难过（如"我的生活将永远不会再和以前一样了"）。大多数长期 PTSD 患者经历了许多负面情绪，部分是因为不同的认知在不同时间被激活，部分是因为确信的程度随时间而变化。例如，丧失可能发生的概率倾向于与焦虑相关，而知觉到的丧失的确定性倾向于和抑郁相关。

5.5.4 情绪劳动因素

情绪劳动（emotional labor）概念在 30 年前被引入，但直到最近才引起心理健康研究者的关注。研究发现职业会对 PTSD 发病率发生影响。急救人员，如警察、医生、消防员，容易得 PTSD。众所周知，消防员创伤经历的严重性和频率是 PTSD 的一个重要的风险因素。另外，创伤性事件后的生活压力也是 PTSD 的一个重要的额外风险因素。大量研究结果表明，急救人员的 PTSD 与职业压力相关，包括工作要求、有限的工作控制、群体内压力、贫乏的社会支持。紧急救援人员，如消防员，容易受到 PTSD 的影响。这种影响则主要来源于两方面：职业压力和情绪劳动。那么，职业又是从哪里影响 PTSD 的发病呢？难道仅仅因为工作的地方或者对象发生了改变？有研究抓住情绪劳动这一点进行了研究，发现情绪劳动在 PTSD 症状的严重程度中起着重要作用，它调节了创伤性事件的近期经历与 PTSD 症状严重程度之间的关系。

由于对雇员心理健康的潜在负性影响，情绪劳动作为一种压力因素在公共心理健康领域已经受到大量关注。情绪劳动是指一种心理过程，员工通过该过程，依照组织要求和职业角色来控制其情绪感受（Park et al., 2018）。情绪劳动可以理解为，个体根据工作角色的情绪调节，它被概念化为表面行动、抑制情绪和深层行动以及控制内心感受。情感不和谐既是情感感受与情感表现的区别，也是情绪劳动的重要组成部分。鉴于消防员在情绪上费劲的工作环境，除了其要求高以及不安全的工作性质外，该群体从情绪劳动中遭受了极大痛苦。当面临疾病、死亡、自杀和暴力事故时，消防员必须保持平静并隐藏自身的情绪。在遭受创伤性压力的情况下，在情绪上受到伤害的消防队员比情绪受损较少的消防队员患上 PTSD 的症状更严重（Park et al., 2018）。

5.5.5 睡眠因素

在一项对患有创伤后应激障碍的退伍军人、无创伤后应激障碍的退伍军人的睡眠研究中发现，PTSD 患者在睡眠期间的觉醒显著增加，这与促肾上腺皮质激素（ACTH）水平呈正相关，与生长激素（GH）分泌和对睡眠深度的主观感知呈负相关。同时，PTSD 患者的心率也显著增加。有趣的是，PTSD 患者夜间血浆 GH 水平降低。此外，生长激素分泌和觉醒是迟发性回忆的独立预测因子，而在创伤后应激障碍中则较低。

以阿富汗的 453 名军人为样本的研究中发现，在军事部署后，噩梦（而不是失眠）与出现创伤后应激障碍症状的风险增加有关。军事部署前的噩梦，即一段时间内暴露于创伤中的风险增加，增加了部署后出现创伤后应激障碍症状的风险。

梦魇引起的睡眠障碍会增加创伤后应激障碍的风险。创伤后应激障碍反过来导致睡眠碎片增多、生长激素分泌减少和频繁的梦魇，这可能再次危及恐惧消失、突触可塑性和恢复。这表明睡眠紊乱是一种沉淀创伤后应激障碍症状学中的永久性因素，创造了一个永久的循环。

以往研究的证据表明，睡眠促进健康人记忆的普遍消失（Schott et al., 2009；Spoormaker et al., 2010、2011）。这表明，睡眠不安可能通过扰乱睡眠中有关恐惧消退的有益过程，直接促进创伤后应激障碍的发展。这些研究表明，睡眠障碍可能影响创伤后应激障碍的症状学表现。

5.6 客观因素

5.6.1 时间因素

经历创伤性事件后，时间是影响 PTSD 的一个重要指标。研究普遍发现，PTSD 患者经历创伤性事件后，随着时间的流逝，发病率也在随之缓慢降低。

创伤后应激障碍发作的时间不固定，大多数在几个月后发生，也可能在 1 周后或是 30 年后才发生，并且随着时间变化有不同的症状表现。约有 30% 的患者可以完全康复，40% 的患者持续有轻微症状，20% 的患者有较严重的症状，10% 的患者症状不会改善甚至更恶化。但长期追踪 PTSD 患者症状的纵向研究很少，需要进一步考察患者的 PTSD 症状在不同阶段的表现，研究其 PTSD 症状完整的发展过程。

5.6.2 事件性质因素（灾难或非灾难事件）

范洛伊 (Van Loey, 2012) 等人发现，他们研究的两次火灾的参与者具有更高的焦虑水平和更高的压力评分，这两者都被证明是创伤后应激障碍症状的重要预测因子。因此，有理由认为，在火灾中被烧的患者更容易患创伤后应激障碍，因为他们更容易受到已知会增加患者创伤后应激障碍风险的变量的影响。

例如，对于被困在燃烧的建筑物中的人而言，创伤性焦虑症比因在篝火上倾倒汽油而烧伤的人更容易出现。此外，在工业爆炸中被烧伤的人更有可能感觉到他们的生命受到威胁，而不是被水壶里的热水烫伤的人。这是另一个例子，说明在预测哪些患者可能发生创伤后应激障碍时，过去看变量是非常重要的。研究表明在灾难性事件中受伤的学生，失去第一个亲属的学生以及面对尸体的学生患创伤后应激障碍的风险很高 (Yan Fu et al., 2013)。

二、创伤后应激障碍与认知受损

认知是人脑接受外界信息，经过加工处理，转换成内在的心理活动，从而获取知识或应用知识的过程。它包括记忆、语言、视空间、执行、计算和理解判断等方面。认知受损是指上述几项认知功能中的一项或多项受损，是心理障碍之一，表现为认知缺陷或异常。

近年来，PTSD 的认知受损得到研究者的广泛关注。研究表明，PTSD 患者在行为表现方面表现出了明显差异，比如在记忆、注意以及情绪调节上表现异常。同时，关于 PTSD 患者的认知受损也有神经生理机制的证据：杏仁核和海马体的体积变小、杏仁核对与恐惧相关刺激的高度亢奋应答和前额叶激活程度低等。

这些研究结果既表明 PTSD 认知受损的神经机制，也表明 PTSD 的认知受损在 PTSD 的发生和发展过程中起重要的作用，让我们更加了解创伤后应激障碍的形成机制，为 PTSD 的治疗提供了方向。我们可以通过对 PTSD 认知受损的神经机制的深入研究，从一个新视角去理解 PTSD 的发病机制和寻找更加有效的治疗 PTSD 的新方法。

近年来，PTSD 的认知受损得到了更多关注。研究表明 PTSD 患者在记忆、情绪调节以及注意等方面存在认知异常。

1．记忆受损

众所周知，人类学习涉及脑部不同的记忆系统，并且通过各个系统之间的相互作用进行学习和记忆。这些记忆系统中有两个主要的记忆系统，分别是海马体和杏仁核。海马体主要负责学习和记忆，日常生活中的短期记忆都被储存在海马体中，如果一个记忆片段，比如一个电话号码或者一个人名在短时间内被重复提及的话，海马体就会将其转存入大脑皮层，成为永久记忆。杏仁核，附着在海马体的末端，呈杏仁状，是边缘系统的一部分，是产生情绪、识别情绪和调节情绪，控制学习和记忆的脑部组织。总地来说，海马体负责陈述性记忆，杏仁核负责感知和表达情绪记忆（Layton & Robert，2002）。

PTSD 患者在记忆方面主要存在自传体记忆组织提取困难，在组织有关创伤性事件的记忆时表现得混乱。PTSD 患者在记忆的叙述方面表现得异于常人，他们的描述大多偏向于负性的描述，同时透露出消极的情感与感觉，这些都是海马体与杏仁核作用的表现。在适度的觉醒水平下，杏仁核可增强海马体功能，从而增强记忆力，这种现象对应于闪光灯效应，可增强对情绪激动事件的情景记忆（Layton & Robert，2002）；这也解释了为什么 PTSD 患者可以很清晰地记住创伤性事件，并且创伤性事件会不断出现在患者的记忆中。

2. 情绪调节障碍

PTSD 患者在情绪调节方面存在障碍，常常暴露在负性情绪中，会产生焦虑和恐惧等负性的感觉。在健康个体中进行的研究表明，情绪调节增加了前额叶皮层（PFC）的激活，并减少了进行情绪处理的大脑区域（如杏仁核）的激活，患有创伤后应激障碍的个体在负面影响的调节中较少使用 PFC，更多地激活了杏仁核。研究表明，认知重新评估可以减少激活杏仁核并增强对 PFC 的激活（Fitzgerald et al.，2016），从而对情绪进行有效的调节。

3. 注意异常

除记忆和情绪调节外，研究还发现 PTSD 患者表现出过度的觉醒症状和注意力问题（Herz et al.，2016）。PTSD 患者对于创伤性刺激存在注意偏向，认知过程易受到干扰，常表现出难以维持他们对目标任务的关注，同时伴随着过度警觉和对环境中潜在威胁线索的更多关注。研究表明，若要快速完成 Stroop 任务，被试就需要忽略词语的字面含义，但 PTSD 患者难以做到这一点,表明其语义记忆被激活。尽管 PTSD 患者试图只关注色彩的命名,但是涉及创伤的词语侵入会捕获其注意,使颜色词的命名速度减缓(Xuyan Yun et al.,2011)。

三、创伤后应激障碍相关理论

1. 情绪加工理论

福阿和科扎克(Foa & Kozak,1986)提出的情绪加工理论介绍了焦虑症状的概念化,以及对于包括 PTSD 在内的这些症状的有效治疗的发展。该理论的出发点是朗(Lang,1977;1979)的恐惧的生物信息理论。在该理论中,恐惧在记忆中被表征为一种结构,由一些相互关联的刺激、反应和意义元素所组成,该结构被设计为一种程序来回避或逃避危险。例如,某种恐惧结构中可能包括了"枪"这种刺激元素。该元素会与各种行为和生理反应元素相关联(如逃跑、躲藏、心跳加速、出汗等)。此外,枪还会与各种意义元素相关联(如"我将死去")。当环境中的某些物体和恐惧结构中的一个或更多元素匹配时,该结构就会被激活并通过其网络扩散。

创伤后应激障碍患者的病症之一是闪回症状,闪回伴随着痛苦等情绪。负面的情绪会影响接受创伤性应激障碍治疗的患者。

与此同时，福阿和科扎克还提出了情绪加工理论。该理论认为，对于恐惧情境的某些暴露形式和对于焦虑的许多心理治疗是共通的，面对恐惧的对象或情境是一个有效的治疗方式。在暴露期间和暴露之间，生理激活和习惯化是情绪加工的指标。大量研究通过对这些指标和变量的分析解释了哪些信息必须被整合进恐惧结构的情绪加工过程中。这些恐惧结构的要素被看作恐惧情境中刺激特性的认知表征、个体在其中的反应以及对于个体的意义特征。至于那些治疗的失败，可以根据认知防御、自动唤起、情绪状态的干扰，还有对于要治疗的恐惧结构改善的错误想法进行解释。该理论的应用促进了包括PTSD在内的焦虑治疗的实践，并且拓宽了PTSD心理病理学的研究。除此之外，情绪加工理论还主要被用于接受PTSD临床辅助治疗的患者身上。

情绪处理理论的核心概念是恐惧网络、恐惧的认知表现，包括情感关于环境中的威胁的反应和持续的信念。恐惧网络的被激活可能是由于大量的环境线索，并将有一个低门槛的被激活（Mirjam et al.，2015）。恐惧激活是暴露疗法成功减少焦虑症状所必需的（Rauch & Foa，2006）。

福阿和科扎克（Foa & Kozak，1986)提出在焦虑症状内部潜在的病理性恐惧结构。病理性恐惧结构与正常的恐惧结构的不同在于，其"包含了过度的反应元素和拒绝改进"，以及这些不同的元素之间的关联并非准确地代表了现实。在将情绪加工理论应用于PTSD时，福阿和罗斯鲍姆（Foa & Rothbaum，1998）提出，PTSD的恐惧结构包括了过度的刺激和反应元素以及病理性的意义元素。例如，机动车事故的幸存者可能准确地将驾驶过快和危险联系在一起，但由于撞向其汽车的车是蓝色的，可能将蓝色的汽车与危险联系在一起。然而，在现实中，蓝色汽车并非比红色汽车更危险。相似地，在公园被抢劫的幸存者可能感觉所有公园都是危险的并完全回避公园。这些创伤幸存者可能在其恐惧结构中有着有问题的意义元素，如"我不能处理压力"或"我应该阻止这种创伤"。当应用于PTSD时，情绪加工理论指出患有PTSD的创伤幸存者，其恐惧结构包括两种基本的功能失调的认知，构成了PTSD发展和维持的基础。其一，世界是完全危险的（如独处是危险的）；其二，自我是完全无能的（如我不能处理任何压力，我的PTSD症状意味着我将疯狂）。

所有关于PTSD理论的首要理念在于，创伤性事件以某种方式储存了，由此阻碍了个体从创伤和PTSD中恢复。对创伤的回忆阻止了人们维持日常工作，阻止了人们从生动的噩梦中醒来，减少了一个人必要的睡眠时间和个人需求。基恩及其同事（Keane et al.,1985）进一步就莫勒（Mowrer）的焦虑两因素理论对PTSD进行了详尽的说明。他们认为，在PTSD的发展中，一个经典的条件反射过程至关重要。经典的条件反射过程认为，通过

第一章 创伤后应激障碍与认知综述

与创伤性事件（如事故本身，被称为"无条件刺激"）同时出现，在创伤性事件之前出现的中性刺激（条件刺激，如事故发生所在的隧道）变得充满恐惧。当个体又面临诸如隧道这样的条件性刺激时，将唤醒与创伤相关的记忆。例如，在车祸中汽车被撞成碎片并且人员严重受伤。从长远来看，操作性条件反射过程会导致 PTSD 症状的维持。因为与创伤相关的记忆是痛苦的，会引发人们的焦虑和紧张，这种操作性条件反射过程将使人们避免主动或被动地想起创伤性事件。通过在短期内减少恐惧或者甚至没有恐惧和紧张，回避条件性恐惧刺激或在脑海中想到事故本身将会得到增强。我们可以想象一下这种情况是如何发生的：当一位事故幸存者没有其他选择只得开车通过该隧道时，对于事故幸存者来说，他想回避事故发生的隧道或努力阻止自己想起创伤性事故。然而，这种回避将使该幸存者更焦虑和紧张并在将来想起该创伤性事件时将长远增强这种恐惧反应（Nijdam & Wittmann, 2015）。

朗（Lang，1977；1979）提出应对恐惧结构进行分析。相应地，在记忆中，恐惧作为一种网络被表征，包括了三种信息：（1）关于恐惧刺激情境的信息；（2）有关言语、生理和外在行为反应的信息；（3）对于该结构中刺激和反应元素意义的解释信息。这种信息结构被看作一种对逃避或回避行为的程序。如果恐惧结构实际是一种回避危险的程序，其必然会包括一些信息，即刺激/反应是危险的，以及关于为逃跑而准备的生理激活的信息。因此，恐惧结构不同于其他信息结构，不仅在于反应元素，而且在于特定的意义及其包含的信息。

福阿和科扎克（Foa & Kozak, 1986）提出，有效的心理干预要求对于恐惧结构的病理性元素进行矫正。特别是，他们提出矫正恐惧结构的两个必要条件：（1）恐惧结构必须被激活；（2）那些与恐惧结构中病理性元素不相容的信息必须被整合进来，用现实的元素取代它们。接下来就要理解治疗过程，包括确认那些促进了恐惧激活和矫正了恐惧结构的两种信息。这种确认，反过来要求对恐惧结构在理论上进行阐明。恐惧结构包括了许多刺激元素，尽管客观上没有威胁性，但在创伤时则变得具有危险意义。此外，反应可能具有适应性并且与不能胜任相关联。对于大多数幸存者，通过从事日常活动证明这些观点不成立，从而纠正这些病理性因素。然而，那些系统地回避了创伤相关想法和活动的创伤个体并没有机会来整合这些可以证明病理性观点不成立的信息，因此会维持这些病理性的元素。以这种方式，慢性的 PTSD 会产生并维持下来。有效的治疗包括，让患者从事之前所回避的日常活动和回忆创伤记忆，以证明恐惧结构的病理性因素不存在。事实上，暴露疗法包括系统地重复面对创伤记忆（想象暴露）和面对创伤相关情境（在现实暴露）。根据情绪加工理论，这些暴露为患者呈现那些证明恐惧结构中病理性元素不成立的信息，由此改善 PTSD 症状（Rauch & Foa, 2006）。与此一致的是，福阿和劳赫

（Foa & Rauch，2004）发现，在延长的暴露疗法后，"不能胜任"和"世界是危险的"这些想法越少，PTSD 症状就越轻。

该理论认为，如果恐惧结构没有被充分激活，就不会发生必要的改变；会阻碍对与恐惧结构中的病理因素不一致信息的处理，从而阻碍恐惧结构的修正。此外，情绪理论认为，当恐惧结构被改变时，反应的强度会减弱（即当恐惧结构被改变时，反应的强度会减弱，逃离的冲动也将会减少，与恐惧刺激相关的焦虑也将会减少）（Rauch & Foa，2006）。

2. 生物学理论

沃格特（Vogt et al.，2004）等人认为 PTSD 是一种神经生物学紊乱。杰拉尔德（Gerald，2017）在《法庭上的创伤后应激障碍》中认为，创伤后应激障碍的生物学基础是展示创伤后应激障碍模型的前奏，即生物心理社会模型。杰拉尔德（Gerald，2017）对创伤后应激障碍神经生物学基础的研究不仅寻求创伤后应激障碍的神经学方面，还寻求它们与潜在遗传学的关系。创伤后应激障碍的生物学特征包括其全身伴随物，不仅仅是大脑伴随物。也就是说，与创伤后应激障碍相关的生物学因素可能由许多因素造成（Gerald，2017）。

在临床前动物模型中发现与创伤后应激障碍有关的几种神经生物学因素：促肾上腺皮质激素释放因子、糖皮质激素负面反馈（CRF）、神经肽Y（NPY）。研究表明，这些激素的活动可能与精神紧张症有关（Suzanne，2016）。压力有助于在下丘脑释放促肾上腺皮质激素(CRH)，从而导致级联肾上腺和相关效应，包括皮质醇的释放。后者作用于糖皮质激素受体(GR)，帮助应对压力，而压力应该会消散，从而使负反馈回路降低HPA活性和皮质醇产生自适应。然而，在创伤后应激障碍中，这种应激激素系统是失调的，因此参与其调节的基因构成了创伤后应激障碍的主要候选基因（Gerald，2017）。也有证据表明，这些神经生物学因素之间的性别特异性相互关系，在对男性和女性的小样本DNA甲基化进行探索性分析时，许多与大脑发育差异有关的基因或作为性类固醇协同作用的基因在PTSD患者中存在男女差异（Suzanne，2016）。

如何针对生理现象去治疗PTSD成为医学界一大重要任务。库克（Cukor，2010）发现哌唑嗪（Prazosin）是一种α-1肾上腺素能受体阻滞剂，它被研究作为治疗创伤性事件后失眠和噩梦的工具。哌唑嗪最初被用于治疗高血压和良性前列腺增生，其抑制肾上腺素能活动的作用表明，它也可能被证明对治疗睡眠相关的PTSD症状有效。研究表明，中枢神经系统肾上腺素能活动的增加会减轻这些PTSD症状，从而导致去甲肾上腺素的更多释放和受体部位对去甲肾上腺素的敏感性增加。派唑嗪治疗噩梦的有效性已在案例研究、回溯性综述和开放标签试验中得到报道。有初步证据表明它在军事人群中有效。据报道，经过 8 周的治疗后，做噩梦的次数减少了 50%（Cukor，2010）。派唑嗪在治疗 PTSD 患者的失眠和与创伤相关的噩梦方面有很好的疗效。

3．身体感知理论

为了提高 PTSD 的治疗效果和进一步帮助 PTSD 患者减轻症状。近年来，人们逐渐开始用创伤后应激障碍的身体感知理论来描述 PTSD 的症状，这个理论基于 PTSD 的现象学研究，即复杂的创伤后应激障碍伴随着对整个身体的不归属感（Ataria，2016）。人们希望通过研究来让人们能更好地感受和理解慢性和复杂性的创伤后应激障碍患者的感受，进而提高治疗和帮助 PTSD 患者的能力。

对于身体感知理论的"感知"，它涵盖了人们身体上的每个器官(包括感觉、生殖与内脏器官)，它是外在世界信号的"接收器"，只要是它范围内的信号，人们就能将其接收，并转换成为感知信号。身体感知理论的研究必将与人们的生活密切相关，本书旨在简单介绍创伤后应激障碍的相关理论——身体感知理论，并描述其两个主要观点：创伤后的患者活在自己的感知里面，和创伤后应激障碍的分离亚型——失去整个身体的所有权。

3.1 创伤后的患者活在自己的感知里面

根据范德科尔和费斯勒（Vander Kolk & Fisler，1995)的研

究表明，创伤后应激的记忆包含了感觉运动障碍，即患者记得创伤时经历的感官和情感因素，所以创伤性"记忆"由情感和感官状态组成，并且几乎没有语言表征。人们认为，将应激事件与生活部分结合起来，就很容易刺激和触发应激障碍的症状。也就是说，创伤性事件虽然在自我之外，但身体似乎对创伤性事件记忆得太清楚了，因为人们是通过身体来感知世界的。所以，创伤后应激障碍患者的身体都有创伤性事件的身体记忆，并且这个创伤的记忆会在患者以后的日常生活中不断地被回想起来，对患者的生活产生较大的影响（Lee et al., 2016）。

阿达利（Ataria, 2016）认为世界是与人的感知连接在一起的，所以世界本身可以被定义为一个"身体世界"。感知主体和感知世界不可分离，世界不是一个抽象的东西，它从来都不是陌生的，因为人们在思考这个问题之前就已经熟悉它了。因此，世界的最佳定义是一个主观的地平线或领域，人们需要在其中活动。此外，它实际上也就是一个身体领域，人们的身体被嵌入一个统一的环境中的一个维度，感知就是人们对世界开放的一个原始方面，而一个人的身体就是这个主观领域的中心（Ataria, 2016）。

如果人们的身体充满了创伤，身体世界就会变成了一个创伤的身体世界，身体的创伤反映在世界本身。在受到创伤后，人们解释世界的方式会发生改变，进而，人们的感知也会发生改变。一个人所看到的东西是依赖于他之前所看到图式（知觉）的画面，然而对于PTSD患者来说，这些图式由于经历了创伤而发生了根本性的改变。由于创伤后主体的认知模式植根于创伤经历中，任何一种客体都可以在创伤环境中被感知。因此，PTSD患者会从自己的创伤角度来解释周围的环境，并会把任何一种事件都解释为危险的、可怕的，反过来又让自己非常紧张、害怕。从这个角度看，患者处于一个自下而上的陷阱中。所以创伤后主体所依赖的认知模式（或当他感知时），源于创伤时经历的东西，任何一种客体都是在创伤环境中被感知的（Ataria，2016）。

根据身体感知理论，创伤后应激障碍患者会因为任何形式的身体运动而感知到痛苦，因为患者会记忆遭受创伤时的身体感知，而解决这个问题的方法就是，尽可能地避免任何形式的运动（避免身体体验）。用更具包容性的术语来说就是，如果身体运动让人们变得无法忍受，最可能做的就是分离，从某种意义上说就是逃避。身体感知理论在一定程度上也可以解释创伤后个体所经历的不同类型的分离症状。

3.2 创伤后应激障碍的分离亚型：失去整个身体的所有权

"我是我的身体"，这是一个具有深远意义的关键概念。一个人不能回避自己的身体，因为自己就是自己的身体（Ataria，2016）。而因为创伤是有身体感知的，所以身体本身就成为创伤

创伤后应激障碍与认知

经历的记忆。此外，随着创伤经历在身体上重复的次数越来越多，这个过程的影响变得越来越严重和越来越不可逆转（复杂和慢性/持续性创伤后应激障碍）。长期患有创伤后应激障碍的患者，创伤刺激对身体会产生更具灾难性的和更可怕的定向影响，长期 PTSD 症状的核心集群是过度觉醒（Tsura et al., 2018）。事实上，在接受创伤刺激的情况下，患者唯一的选择就是避开自己的身体，因为他的身体已经变成了威胁的来源，这种反应会导致结构性的分离。在这种状态下，幸存者有两种不同的人格：一种是明显正常的人格，痴迷于避免创伤记忆；另一种是情感人格，被固定在创伤经历中（Ataria, 2016）。

但从本质上来说，一个人是不可能逃避自己的身体的，患者移动身体的行为本身就伴随着对创伤的身体记忆，所以患者可能试图完全避免移动，虽然这可能提供暂时的缓解，但显然不能作为长期的解决办法（Ataria, 2016）。治疗 PTSD 的方法有躯体体验治疗和基于意识干预，这些方法都是试图从身体感知的角度来治疗创伤后应激障碍患者的痛苦。治疗假设在最极端的情况下，一个人的身体完全与创伤融为一体，任何身体体验都会将幸存者带回创伤时刻，那么患者就可以发展另一种对自己身体的归属感，让自己失去所有权，失去身体的所有感知，患者对身体的某个部位是陌生的，它不是身体的一部分，患者也可以承认它与身体的其他部位是相连的，但患者大多数情况下会认为他们经历的身体部位不属于他们。

当一个人对自己的整个身体产生一种不归属的感觉时，个体产生任何与身体的对话都是不可能的。因此，一个人可能变成机器人，控制着一具不属于自己的身体。就像（Lan Waterman，2010）举的一个例子，"IW"是那个失去了自己身体的人，他几乎完全丧失了"所有的触觉、本体感觉和肢体空间位置感"，这些感觉会告诉你，"你的身体在哪里，它在做什么"，所以IW感觉不到他的姿势、他的运动感或者他四肢的位置。依靠他的视觉和认知控制，IW可以执行一些动作，比如走路和开车。而事实上，IW控制他的身体就像一个人控制一个机器人一样，也就是控制一个"不是我的身体"。在现象学上，这种体验可以被定义为身体作为一个活着的身体的感知丧失。

4．大脑激活理论

PTSD的特征是重复回忆创伤记忆和记忆慢性间歇性过度兴奋。过度兴奋和记忆功能障碍涉及"边缘区域"（limbic regions），包括杏仁核复合体、海马体结构和边缘皮质，如眶额和前扣带区。一些研究者在神经生物学中调查，这些大脑区域在创伤后应激障碍中的作用（Liberzon et al.，1999）。

在利伯逊（Liberzon et al.，1999）的实验当中，被试是14名患有PTSD的越战老兵，和正常的对照组。实验表明，所有组的大脑激活都发生在大脑的前扣带回区和中前额回区。而仅在PTSD患者中发现左杏仁核和复核的大脑区域被激活。这些发现暗示了这些"边缘"大脑区域，可能调解健康个体的反应和创伤后应激障碍患者的厌恶刺激反应（Liberzon et al.，1999）。

PTSD个体会出现一些特征性症状，如闯入性记忆，反复出现的梦，以及"闪回"创伤性事件（APA，1987），且与创伤性、情绪化相关的记忆处理异常。一些研究认为，大脑的"边缘"区域与记忆和情感联系在一起。在国外文献当中，"边缘区域"一般指杏仁核（amygdala）、海马体结构（hippocampal formation）、下丘脑（hypothalamus）、丘脑（thalamus）和附近的"前边缘"皮层（paralimbic cortex），诸如前扣带回皮层（anterior cingulate cortex）、眶额皮质岛（orbitofrontal cortex insula）和颞极（temporal poles）（Liberzon et al.，1999）。鉴于创伤后应激障碍中异常特征表现为侵入性情绪记忆等，边缘大脑在其中发挥了重要作用。

关于PTSD患者海马体结构异常的研究支持对这些PTSD患者脑区的功能完整性进行研究。症状引发的范式结合功能成像提供了一个重要的工具，对精神症状的神经解剖进行视觉化。实验上控制的对创伤相关刺激的暴露，引发了PTSD中过大的自主反应。同样，通过研究PTSD患者在暴露于一个特定创伤性故事和一个描述性事件的故事期间的局部脑血流量（regional cerebral blood flow，rCBF），劳赫（Rauch）和同事发现在右脑杏仁核、扣带前皮质和其他几个皮层区被激活（Rauch, 1996）。

5．认知理论

创伤性事件后，负性认知在PTSD的发病和维持上起着核心作用。负性认知包括对自我、他人以及世界的认知，如"我是没有能力的""别人不值得信任""没有一个地方是安全的"。认知理论认为，认知过程决定着行为的产生，同时行为的改变也可以影响认知的改变。认知和行为的这种相互作用关系在PTSD患者身上常常表现出一种恶性循环，即错误的认知观念导致不适应的情绪和行为，而这些情绪和行为也反过来影响认知过程，给原来的认知观念提供证据，使之更为巩固和隐蔽，使问题越来越严重（Shubina，2015）。认知理论能更为有效地解释PTSD的内在认知过程。

5.1 社会认知理论

PTSD的社会认知理论(social cognitive theory)偏重创伤对个体生活的影响，强调个体将创伤经验整合于预存模型所需要做出的艰巨的重新调整，强调创伤性事件及其后果的广泛影响（杜建政、马胜祥、朱新明，2001）。霍罗威茨（Horowitz，1986）的应激反应理论是解释PTSD的社会认知理论之一，重心放在对创伤信息的认知加工上，认为认知加工是一种完成倾向，将新信息整合进预存的认知模型是一种心理需要。霍罗威茨 Horowitz 认为个体在经历创伤性事件后，起初会出现哭喊或目瞪口呆的现象，接着会出现信息超载的现象，并维持一段时间。此时人们创伤后的图式无法与现有图式相协调，人们的各种心理防御机制开始进行工作，试图将与创伤有关的信息与意识阻隔开，因此人们会在这一段时间内出现麻木及否认的现象。此时完成倾向会促使创伤信息活跃于记忆当中，闯入人们的意识中，强行整合进人们已有的模型当中。此时如果信息整合失败，即与创伤有关的信息仍遗留在记忆中，没有被完全整合，则会出现创伤后应激障碍。

扬诺夫－布尔马（Janoff-Bulma, 1992）的认知评估理论主要关注的方面是个体预存模型的性质，他认为人们会出现 PTSD 的原因是他们关于世界的某些信念在经历创伤后破灭了，解释说明了人们关于世界的模型与创伤信息相冲突的方式。

5.2 信息加工理论

PTSD 的信息加工理论 (information processing theory) 从另外一个角度对 PTSD 进行了解释，侧重点放在创伤造成的威胁上以及创伤信息是如何在认知系统中表征的，然后又是如何被加工的。该理论强调了创伤性事件的可预测性和可控制性等因素，而且还强调了人们对创伤性事件归因和解释的作用。另外，信息加工理论认为，与创伤经验不相容的信息的可用性，是整合成功的必要条件(杜建政、马胜祥、朱新明,2001)。

福阿等研究者(Foa et al.,1992)认为经历创伤后,记忆中会形成了一个恐惧网络,这个网络是由以下信息组成的:创伤性事件的刺激信息,创伤在认知上、行为上和生理上的反应信息,刺激与反应联系起来的信息。诱发性刺激会激活恐惧网络,使网络信息进入意识,这就解释了PTSD的侵入记忆症状。试图回避和恐惧网络的激活导致了回避反应症候群的出现。只有恐惧网络成功地整合进已有的记忆结构中,才能够解决这种创伤问题。在这种整合过程中,才能够解决恐惧网络被激活,从而对它进行修正(杜建政、马胜祥、朱新明,2001)。福阿等研究人员还认为,创伤性事件的不可预测性和不可控制性使有关信息难以进入预存模型,这一现象与人们认为世界是可以被控制和预测的这一预先的假设相违背。另外,事件的严重程度会干扰创伤发生时的认知过程,这种干扰会使恐惧网络变得支离破碎,很难被整合进有组织的模型。

5.3 认知理论模型

此理论为当前对PTSD的治疗提供了最详细的模型,它详细地解释了影响PTSD过程的负向情绪产生过程及认知应对因素,并得到一些实证研究的支持。埃勒斯和克拉克(Ehlers & Clark,2000)关注为什么过去发生的灾难,会让PTSD患者对未来感到焦虑(Ehlers & Clark, 2000)。他们在经典认知理论的基础上提出,对所发生事情的负面评价是 PTSD 发展的基础。由于 PTSD 患者会对外部威胁产生过度负面的评价，认为世界是一个危险的地方，而对内部威胁则认为自己无能为力。这就既导致了对情境的误解，也导致了负向的创伤评估及负向的创伤记忆。PTSD 的形成是由于创伤记忆引发了对当前威胁的感觉，而这种感觉是由对所发生事情的过度负面评价所推动的。

但很多研究者提到的两个问题是：第一，创伤过程的测量与闯入型记忆相关，然而当试图让参与者通过言语材料记录闯入记忆形式的时候是无效的 (Holmes et al., 2004; Murray et al., 2002)。第二，认知过程的评估是相对复杂的，测量并不总是相关的。数据导向的研究及认知心理的概念化过程限制了参与者用相对简单的语言和材料来表达 (Roediger & McDermott, 1993)。

5.4 认知存在主义理论

PTSD 的认知存在主义理论提出，PTSD 反应的发生是由于患者无法将创伤经历纳入所持的世界观模式 (Ozer & Weiss, 2004)。积极的世界观假设有助于形成一个基本信仰，即世界是充满意义的。对这一信仰的违背是令人厌恶的。简诺夫－博尔曼（Janoff-Bulman,1992）和弗朗茨（Frantz,1997) 认为，个体一般会发展出基本的、清楚的有关世界和自身的假设（如世界观），从而维持健康的个人功能。最重要的假设之一是一种信念，即在一个公正、仁慈和可预测的世界中，个体拥有胜任力和价值。世界观的首要功能在于为个体提供意义、自尊和无敌的幻想。个体经历创伤性事件后，关于自我和世界的潜在假设组成的世界观受到破坏或是破碎的 (Janoff-Bulman, 1992)，会产生消极的认知和情绪。

在破碎假设理论（shattered assumptions theory）中，简诺夫-博尔曼 (Janoff-Bulman, 1992) 竭力表明，在创伤性事件后，世界观在保持和增强控制感和稳定性的心理努力中的作用。根据破碎假设理论，当个体经历了一件摧毁其世界观的事件（如创伤性事件不容易被整合进先前所持的世界观）时，他们既不再知觉世界为仁慈和可预测的，也不再认为自己是胜任和无敌的。

有证据表明，创伤经历可以导致个体原有世界观假设的崩溃，而这种世界观假设的崩溃是令人厌恶的（Schuler & Boals, 2016)。丽荣（Lilly et al., 2011）发现，世界观假设在人际暴力和 PTSD 症状之间起着中介作用，这表明那些世界观假设较弱的人更有可能在创伤经历中患上 PTSD。

其他认知存在主义理论认为 PTSD 是由创伤性事件与所持信念和意义 (包括世界观假设) 的不一致造成的 (Park & Ai, 2006; Park et al., 2012)。这些理论认为，痛苦是由于意义形成过程的中断造成的。有充分的证据表明，一个人的生活意义感与创伤的复原力呈正相关 (因此缺乏意义感与 PTSD 的倾向相关) (Aiena, Buchanan, Smith & Schulenberg, 2016; Park et al., 2012)，而意义的形成与PTSD患者的积极结果相关（Alim et al., 2008; Larner & Blow, 2011; Kruger & Swanepoel, 2017; Park, 2013; Park & Gutierrez, 2013）。

5.5 认知行为理论

认知行为理论认为个体头脑中存在关于世界的信念和模型，与创伤经验所提供的信息与预存的信念和模型不一致，于是个体试图同化这些新的信息，如果新的信息能够加入预存模型，则信息加工顺利完成；如果个体不能使新的与创伤有关的信息与其现存模型整合，则信息加工难以完成，从而导致诸如PTSD等创伤后应激反应（Brewin, Dalgleish, & Joseph, 1996; Ehlers & Clark, 2000; Foa et al., 1986）。认知行为理论区分了导致PTSD的1型和2型创伤性事件（Terr, 1991），即意外的单一创伤性事件、长期或反复接触创伤性事件。经历了2型创伤性事件（Terr, 1991）的患者解离症状和创伤性遗忘更为常见，这可能是因为创伤记忆具有不同于普通个体事件记忆的特殊机制，创伤性事件的信息既不能得到充分的加工和编码，也不能融合到个体的自我知识之中，导致个体自觉提取记忆的不连贯性甚至遗忘，出现大量的闯入记忆。PTSD具有延迟发生、病程持续时间长、与其他精神障碍共病的特点，受创者会持续地体验到威胁，他们认为现在的世界、环境、他人都是不可控、无法预期和危险的；或是认为自己没有能力应对可能的危险和巨变。

2010年，哈尔满（Harman）和李（Lee）在克莱克（Clark, 2000）提出的PTSD认知模型的基础上，将持续存在的威胁(ongoing current threat)以及自我批判思维(self-critical thinking)带入此模型，改进的模型认为创伤性事件对受创者仍然存在长时程影响的原因是，创伤性事件改变了受创者对世界、环境、他人或是自己基本认知的稳定性。哈尔满和李认为羞耻可能促使个体更多地使用自我批判思维，而较少地使用自我保护思维，这一思维模式可能导致了PTSD中高羞耻的患者更多地感受到持续性现实威胁，因此导致了PTSD症状的发生和持续。Lee建议在治疗PTSD患者时，需要更多考虑对患者思维模式的干预，即需要增强他们的自我保护性思维，减少他们进行自我批判思维的频率，帮助患者发展出自我关怀、自我保护的心理机制。

PTSD患者普遍存在非适应性的泛化现象(Lissek et al., 2010; Lissek, 2012)，包括：能引起PTSD生理及心理症状的刺激和环境范围的不断扩大，区分界限逐渐模糊，对个体适应环境造成不利影响的泛化现象(Kleim, Ehring & Ehler, 2012; Ehler & Clark, 2000)。PTSD泛化范围随着病程的持续而逐渐扩大，并且这种扩大化的趋势在三大症状簇（再体验、回避及情感麻木、高唤醒）中都有体现(Bonne et al., 2004)。PTSD患者从开始与创伤刺激相关的线索引起记忆闪回，逐渐变为无明确线索提取的创伤再体验和梦魇(Le Doux, 2000; Maren, 2001)；回避的泛化出现的时间较其他两种症状的泛化出现的时间晚，随时间的发展，PTSD患者由对恐惧线索情境的回避发展到社交回避，情感麻木，对事物普遍兴趣缺失(Maier, 2001)；高唤醒这一症状伴有持续性的焦虑和过度的反应，如惊跳反应、警觉(失眠症)、易激惹，高唤醒与焦虑之间存在着紧密的关系，由于恐惧与焦虑共同作用导致恶性循环，使得条件作用加剧，患者对周围的环境丧失了基本的安全感(Janoff-Bulman,1992)。无论从三大症状簇泛化趋势的表现，还是从能够引起患者恐惧反应的刺激范围，乃至认知加工的不同层次，都能够观察到PTSD的非适应性泛化在时间维度上具有阶段性，程度随时间发展不断加重。经典条件作用、次级操作条件作用和非适应性泛化三者相互作用是导致PTSD症状不断加剧的重要原因。首先，经典条件作用使中性刺激具有了引起恐惧反应和提取创伤记忆的能力，其次，泛化现象将引起反应的范围扩大到相似刺激，经过次级的条件作用将更多的中性刺激与创伤性事件相联系。

四、创伤后应激障碍的认知研究范式

在早前的创伤后应激障碍的研究中，选取的被试主要是真实患有PTSD的患者，如遭遇创伤的军人或者经历过天灾人祸的人，而由于个人创伤原因的异质性，只能对单一创伤类型的被试进行研究，为了消减这种限制，并且扩大研究人群，创伤电影范式应运而生。

1. 创伤电影范式

创伤电影范式最早由拉扎鲁斯（Lazarus）和他的同事于20世纪60年代开创（如 Lazarus & Alfert,1964; Lazarus & Opton, 1964; Lazarus, Opton, Nomikos & Rankin, 1965; Speisman, Lazarus, Mordkoff & Davison, 1964)，这些主要集中在通过观看电影产生的生理应激反应（心率和皮肤电导）上，清楚地证明了在实验室中，显著的应激反应是由多种电影刺激诱导的。更重要的是，这些研究还表明，压力反应的严重程度可以通过各种操作进行实验性改变。Horowitz和他的同事在20世纪70年代进一步发展了创伤电影范式，主要表现在实验如何对闯入性记忆产生频率的影响，包括刺激的性质（电影类型，如描述血液和伤害，丧亲和分离，或色情场景）；样本人群（精神病患者和先前接触创伤的军人）等（如 Horowitz,1969, 1975; Horowitz & Becker, 1971a, 1971b, 1971c,1973; Horowitz, Becker, Moskowitz & Rashid, 1972;Horowitz & Wildner, 1976)。

在医学上，创伤电影范式被称为"医学实验模型"(experimental medicine model)，主要通过实验的方法对非临床参与者中的异常过程进行建模，以识别发生障碍的机制并为临床发展提供证据，这一术语也通常用于医学背景下 (Bailey, Dawson, Dourish & Nutt, 2011;Guttmacher, Murphy & Insel, 1983; Medical Research Council, 2015)。而在心理治疗背景下，创伤电影范式则作为一种精神病理性的实验模型 (experimental psychopathology model) 被人们广泛使用 (Vervliet & Raes, 2013;Zvolensky, Lejuez, Stuart & Curtin, 2001)，也就是说，创伤电影范式不仅用于心理治疗，还用于医学实验以及药物治疗 (Kamboj & Curran, 2006)。

目前，巴甫洛夫的威胁条件反射是研究压力和焦虑障碍机制的主要范式 (Beckers, Krypotos, Boddez, Effing & Kindt, 2013; Le Doux, 2014)，这种范式虽然非常适合研究简单的线索结果之间的关联，但它无法模仿真实创伤经历的复杂性 (Foa, Steketee & Rothbaum, 1989; Kunze, Arntz & Kindt, 2015; Wegerer, Blechert,Kerschbaum & Wilhelm, 2013)。因为创伤经历所涉及的刺激是多方面的，而标准的恐惧条件反射不太可能产生创伤后观察到的各种压力症状，包括创伤后应激障碍的标志性症状——创伤性事件的闯入性记忆。

创伤电影范式为研究实验室中的心理创伤提供了平台，并且作为精神病理学的医学模型具有以下优点。首先，范式使用的电影内容是涉及实际或感知威胁和严重伤害的事件，即创伤性事件。最近 DSM-5 也补充了创伤性事件包括在工作中查看电子媒体，如电视和电影的创伤细节 (DSM-5; American Psychiatric

Association, 2013)。这一补充也为创伤电影范式提供了理论依据。其次，暴露于模拟创伤（电影）会引发可测量的反应，类似于实际创伤后所经历的症状，包括创伤性事件、生理唤醒、消极认知和情绪的侵入性记忆的标志性症状。最后，从精神病理学实验的角度来看，实验诱发的症状通常应该是短暂的，仅在实验室或之后的有限数天内发生 (Bailey et al., 2011)。因此，在这种范式中对创伤电影的闯入性记忆倾向于在一周内消退（如 Butler, Wells & Dewick, 1995; Holmes, Brewin & Hennessy, 2004)。

魏德曼（Weidmann）的研究中，探讨了何种电影类型能起到较好的模拟 PTSD 的作用，其研究选取了四个电影片段，内容包括身体暴力、性暴力以及自然灾害等，其电影结构是单一的故事情节或者由一些不相连的场景组成。其结果表明性暴力片段最适合进行实验研究。首先，该片段能够诱发生理应激反应。其次，与其他片段相比，引发了更强烈的愤怒和厌恶情绪反应。第三，导致更多的直接入侵和更多的痛苦。因此，魏德曼建议可以考虑将性暴力片段运用到创伤电影范式的选择中 (Anke Weidmann, Ania Conradi, Kathrin Gröger, Lydia Fehm & Thomas Fydrich, 2009)。

虽然到目前为止还没有研究报告实验导致持续痛苦的案例，但是需要考虑的是在运用创伤电影范式时产生的伦理道德问题。进行创伤研究时，让参与者接受真正的创伤性事件是不道德的，而运用创伤电影范式，尽管只是短暂的时间，依然会导致参与者的痛苦，因此需要事先做好保护措施，选取被试时筛选有精神疾病或有相关经历的参与者，提前告知参与者电影的性质，及时给予心理支持等。

2．Stroop 效应

1935年，斯特鲁普（Stroop）为了揭示念字和命名的认知过程互相干扰而设计了一种实验，他采用各种不同颜色书写的文字作为刺激，要求被试作的反应是说出书写这些文字的颜色名称。结果发现当字色矛盾时，说出字的颜色受到了字的意义的干扰，命名反应时长于其他组合情况，此现象被称为"Stroop 效应"，该实验设计也被称为"Stroop 范式"。

2.1 情绪 Stroop 效应

情绪 Stroop 范式最初是对注意偏向的研究（Mathews & Maclod,1985），其实验步骤是呈现给被试以不同颜色书写的具有不同效价如积极、消极、中性的情绪词，被试的任务就是忽视单词的情绪内涵，并且尽快地对情绪单词的颜色进行命名。如果被试在命名情绪单词的颜色时(特别是负性单词)出现了延时效应，就认为个体表现出对情绪刺激的注意偏向。这是因为个体对环境中的负性情绪刺激存在着优先注意的偏向，因而给威胁性刺激分配了更多的注意，对颜色知觉分辨任务所分配的认知资源不足，从而出现了颜色命名的延时效应。后来，马修斯等人

（Mathews et al.，1989) 提出了一个有关注意偏向的情绪 Stroop 指标——ESI(emotional stroop index)，用来解释个体对威胁性刺激注意偏向的干预效应。它是指情绪 Stroop 任务中，个体对威胁性单词与中性单词的颜色命名的反应时之差，ESI 越大，被试在命名威胁性单词的颜色时所表现出来的干扰效应就越大，注意偏向效应也就越显著。埃米利安等人（Emilien et al.，2000) 指出，情绪 Stroop 测试的使用表明创伤相关词汇是创伤后应激障碍临床状态的敏感量度。

2.2 修正 Stroop 效应

最初 Stroop (1935) 任务的修改版本已被广泛用于证明一系列心理障碍中信息处理的偏差。在这些修改后的 Stroop 任务中，参与者会看到一系列印刷单词，这些单词可能与他们的心理障碍有关，也可能与他们的心理障碍无关。单词打印的颜色各不相同，参与者的主要任务是说出单词打印的颜色。已有涉及一系列心理障碍的多项研究，报告了与心理障碍相关的词语颜色命名的延迟 (MacLeod, 2005; Williams, Mathews & MacLeod, 1996)。这种延迟即被称为"干涉或修正 Stroop 效应"(Modified Stroop effect, MSE)。有人认为，MSE 代表了对障碍相关信息处理的注意偏向（增加选择性注意），或者即使这些信息是任务附带的，也不能抑制障碍相关信息 (MacLeod, 2005; McNally, 1998)。

人们普遍认为，修正的 Stroop 效应也存在于创伤后应激障碍

(PTSD) 中，有相当多的证据表明患有创伤后应激障碍的个体对创伤相关词汇表现出颜色命名干扰效应，但对与他们的创伤无关的词汇却没有影响 (Beck, Freeman, Shipherd, Hamblen & Lackner, 2001)。此外，这种干扰被认为存在于患有创伤后应激障碍的个体中，但不存在于受到创伤却没有创伤后应激障碍的个体中，从而证明了对 PTSD 影响的特异性，而不是创伤经历本身。总地来说，这些研究的结论是创伤后应激障碍患者表现出创伤特异性干扰效应，代表对创伤相关刺激的注意偏向 (Matthew, Christopher Frueh & Libby, 2009)。

第二章
创伤后应激障碍与认知的理论基础

一、与创伤后应激障碍记忆相关的理论及研究

闯入记忆（instrusive memory）主要包括创伤经历的相对简短的感觉碎片（Ehlers，2004）。这些可以采取视觉图像、声音、气味、味道或身体感觉（如疼痛）的形式。创伤后应激障碍的理论强调了可能预测持续性创伤后应激障碍的闯入记忆的一些特征。闯入记忆似乎是由各种刺激引发的，包括内部和外部线索。它涵盖了闯入记忆的发生、内容、频率、方式和特征以及个人用来处理入侵的策略。

PTSD 是一种焦虑症状，通常由应对特别可怕、一般会威胁到生命的事件发展而来。症状包括回避令人想起创伤的物体、易激惹、睡眠障碍、过于惊恐和情感麻木。但其标志性特征是以闯入想法、噩梦和生动的感觉记忆（闪回）形式，对创伤反复出现

的、不由自主的回忆。伴随着所有最初的情绪强度，PTSD 受难者似乎再次经历了创伤，而不仅仅记得它是来自自己过往的一个事件。

认知中尤其是记忆的显著障碍，促进了对 PTSD 认知机制的研究。包括现象学研究在内的大多数重要的研究进展已经得出了一些关于创伤经历如何在记忆中表征的线索；将神经成像的方法与闯入认知研究的整合已经产生了 PTSD 的病理生理学模型；一些研究令人信服地表明，在创伤暴露中，平均水平以上的认知能力可以作为一种 PTSD 的韧性因素，小的海马体则是 PTSD 的风险因素之一。鉴于此，对 PTSD 记忆的研究尤为重要，以下将介绍一些与 PTSD 记忆相关的理论及研究。

1．PTSD 的警报信号理论及相关研究

警报信号理论（the warning signal hypothesis）是 PTSD 理论中的一种，该理论的主要内容强调以闯入记忆作为警报信号，对于潜在危险存在预警的作用。警报信号理论由埃勒斯等人（Ehlers et al., 2002）最先提出。前人提出"事件中最具创伤性的部分应该被最好地记住"的假设，根据这一假设，埃勒斯对扰乱事件记忆进行研究，得出结论：人对中心线索通常记忆良好，而对周围细节的记忆较差。为了验证该假设，埃勒斯等人进行了实验。实验要求经历过一系列创伤的个体描述其闯入记忆的质

量。结果表明,在闯入记忆中,视觉性闯入是最常见的,而与想法有关的闯入则是最少的。当视觉输入无法预测创伤性事件时,听觉或其他感官记忆通常会入侵,并使被试重新体验。同时,对于经历过一系列创伤的被试而言,闯入记忆通常是在经历的创伤性事件发生前或者经历创伤性事件时最大感觉体验前的某一短暂时刻作为刺激出现的(Ehlers et al., 2002)。

1.1 警报信号理论

埃勒斯等人(Ehlers et al., 2004)提出了创伤性事件的闯入记忆的警报信号理论,该理论强调闯入记忆内容的警报信号意义,闯入记忆的内容并非随机的片段,也不是事件最严重时刻的刺激,而是创伤性事件发生前或事件变得更加严重前的短暂时刻的刺激。例如,一个遭遇车祸的幸存者,他的闯入记忆为车的前灯,这是发生车祸前的瞬间他所看到的刺激。与埃勒斯的结果类似,在哈克曼(Hackmann)的研究中只有17%的患者报告闯入记忆是关于创伤的最糟糕时刻。他们报告说,它们的主要闯入最常见于创伤性事件最严重时刻之前。主要入侵更可能代表在最坏时刻之前发生的事情,而不是最坏时刻本身(Hackmann & Speckens, 2004)。因此,许多研究者认为这些闯入记忆的出现标志着危险的迫近,以提醒创伤性事件的经历者在今后遇到类似危险时迅速做出反应,避免创伤性事件的再次发生。

埃勒斯(Ehlers, 2004)认为闯入记忆的这些刺激多半是中性的，且大多数是标示事件情境发生顺序或发生地点的记号，与创伤性事件之间只是暂时偶然的联结，并不具有本质必然的联系。它们本身并不能引起强烈的情绪和生理反应，引起强烈反应的是个体对刺激后紧接着的结果的预期。例如，一名曾目睹一个人撞火车自杀全过程的 PTSD 患者，其闯入记忆不是火车撞向死者的情境，而是铁轨。这是因为虽然铁轨本身是中性的，并不会引起强烈的情绪体验，但由于它与随后发生的自杀事件相联系，因而使个体产生了强烈的反应。

不管闯入记忆是由内在线索还是外在线索触发，这些线索应该是与警报信号刺激发生前或警报信号刺激本身在知觉上相似的刺激。只要在知觉上与闯入记忆的内容类似，不需要有语义上的联系就容易触发刺激与创伤性事件之间的闯入记忆。

创伤性事件闯入记忆的存在并不是创伤后幸存者所独有的，它们主要被描述为感觉经历，其中视觉入侵是最常见的。米歇尔和埃勒斯（Michael & Ehlers, 2004）对闯入记忆的预测价值对创伤后应激障碍模型具有理论意义，因为它似乎将闯入的创伤记忆与其他自传体记忆区分开来，这些自传体记忆通常伴随着自主意识，即个体可以意识到一个人正在经历自己过去的记忆。

1.2 闪回的相关研究

1.2.1 闪回的临床症状

闪回（flashback）最初指一种运用在传统电影中的技巧，是

第二章 创伤后应激障碍与认知的理论基础

一种用短暂的影像来表现人物精神活动、心理状态和情感起伏的艺术手法。其展现的时间比较短促，常常是几个镜头一闪而过。

由于闪回通常由生动、详尽的多感官图像组成，因此闪回通常是以视觉呈现作为呈现方式的。闪回往往由一部分破碎或残缺的"快照"或一系列的图像组成，并且在个体非自愿或不可控制的情况下，浮现在个体的脑海中，使个体再次在当下经历之前所发生的事件。

尽管闪回更多时候是指视觉上的，但也有除视觉呈现之外的例子。例如，其他的知觉感官再体验，可能包括对温度（热或冷）或者疼痛等创伤躯体感觉的再体验。尽管PTSD通常包括一系列障碍，但是闪回的症状只在PTSD和一种密切相关的情况下被提及，即急性应激障碍。

根据对PTSD的一些临床描述，该障碍的特征与个体对创伤性事件的记忆有关的两个非常明显的效应——解离效应以及对创伤性事件的部分失忆——有着显著关联。以上两个效应都被收录在DSM-V中。一方面，对创伤事件记忆的闪回，即由与创伤相关的图片构成的频繁和强烈的、非自愿回忆的记忆正在当下不断经历（症状B3："离解反应，即个体感觉到或表现出之前经历的创伤事件正在不断地反复出现并被不断重复体验"）。另一方面，个体对创伤记忆的自愿回忆往往是费力的、支离破碎的和无组织的（症状C3："无法记住创伤事件的某一个重要方面或因素"）

（Chris B brewin，2014）。这种症状指的是个体对之前所经历的创伤性事件的记忆中，出现间隙或间断性的经历。虽然对创伤性事件的记忆出现某种程度上的，或是某个方面、因素上的断层，不过这并不意味着他们对创伤性事件发生的全部事实失忆。这为我们提供了一个暗示：知觉记忆和情景记忆之间的分离或许就是创伤的核心。

1.2.2 PTSD患者的非自愿知觉记忆

尽管一般非自愿出现的记忆在本质上是一种正常现象，但与PTSD不同的是，这些记忆通常涉及少数不断重复经历的创伤场景。PTSD患者在对于自身出现的非自愿记忆进行描述时，一般以描述不断重复出现的视觉经历占主导地位。PTSD患者一般都是通过描述视觉上的细节，进而描述非自愿出现的记忆闯入时，个体短暂的以及感知上的感受。

与创伤记忆相比，PTSD患者在对非创伤记忆中，涉及对事件的视觉等感官记忆描述的细节更多。闪回为PTSD患者的非自愿知觉记忆的出现提供了一种重要的呈现方式。

在一项关于PTSD患者情景记忆的研究中，PTSD患者被要求对创伤性事件记忆的闪回和普通情景记忆进行直接比较。患者被要求写一份详细的创伤描述，并指出哪些单词和句子会在更大程度上自发地引发患者对创伤性事件的回忆。布鲁因（Brewin，2014）的研究结果表明，那些与闪回相关的部分，包含了更多的知觉感官细节，以及更多地包含对运动这一因素的提及。而与非闪回部分相比，创伤描述中引发闪回的部分对后续视觉空间任务的干扰也更大，这支持了 PTSD 患者会更多地使用感知觉处理以及分配认知资源的预测。另一方面，与视觉空间任务相比，在随后的口头任务中，患者却并没有受到感知觉在不同程度上的干扰。这一现象说明，与语义记忆相比，PTSD 患者在视觉感官方面更容易受到闪回等非自愿回忆的记忆对当下情景记忆的闯入与干扰。

PTSD 非自愿记忆的另一个特征是"当下感"，即个体的经历仿佛发生在当下。这种对过去时间背景的主观缺失随着治疗的成功而减少。与非创伤性记忆相比，PTSD 患者的创伤记忆具有更强的这一特征，而"当下感"也将 PTSD 患者的非自愿记忆与抑郁症患者或未患 PTSD 的患者报告的非自愿记忆区分开来。重要的是，经研究证实，回忆似乎是 PTSD 的一个具体指标，而现在的感觉比最初症状水平的影响更能预测疾病的发展过程。

与没有 PTSD 的人相比，PTSD 患者对创伤相关词汇的感知启动能力有所增强。然而，最近两项使用词干完成任务的研究发现，创伤后幸存者对创伤相关词汇的启动程度可以预测症状的后续发展。创伤后 8 周，PTSD 患者的启动程度显著高于无 PTSD 的人（Michael et al., 2005）。

在埃林（Ehring）和埃勒斯（Ehlers）的研究中，创伤后 2

周的启动程度预测了 6 个月后机动车事故受害者的 PTSD 症状，即使控制了初始症状和其他词语的启动水平。尽管词干完成任务通常被认为是感知启动的一种度量，但埃林和埃勒斯指出，不能排除概念启动对整体效果的贡献。最近的一项研究对此特别感兴趣，因为它采用了词干完成测试和概念启动的明确测量，即单词提示关联任务。与暴露于创伤的健康对照组相比，PTSD 患者在词干完成任务中对创伤相关词汇的启动显著增强，但概念启动显著减弱。知觉启动与更高水平的状态分离相关（Ehring & Ehlers, 2011）。

1.3 闯入记忆对 PTSD 的预测

与初次出现的创伤再体验的症状相比，闯入记忆是否更能预测 PTSD？对于这一问题，可以从闯入记忆给人们带来的痛苦程度、感觉与思想、缺乏时间视觉记忆以及缺乏上下联结的情景这几个因素进行回答。

1.3.1 思维与感觉

闯入（自动触发，个体不想要的）记忆主要由创伤经历中相对简短的感觉碎片组成（Ehlers & Steil, 1995）。例如，一位男子不断看到汽车前灯照向自己，正如他在迎面而来的车祸不久之前见到的一样。不论创伤的类型如何，视觉上的感觉是最常见的，伴随着感觉印象（躯体感觉、声音、气味和味道）。通常闯入记忆有几种感觉成分，但它们很少被描述为想法。研究中通常通过使用一些指导语收集以上资料来特别测查关于创伤的重复出现而个体不想要的记忆。这些指导语包括：在创伤性事件后，许多人关于该事件的记忆，在他们并不想这些记忆出现时却快速进入其脑海中。这些事件中的部分会一再进入脑海。每个人的情况不一样。你有类似这些不想要的记忆不断在脑海中重现吗？

众多研究者一致认为闯入记忆应该与其他可能也作为闯入所经历的非记忆认知区别开 (Ehlers & Clark, 2000; Joseph, Williams & Yule, 1997)。非记忆的闯入认知包括关于创伤的评价性想法，实际上比闯入图像或闪回 (Reynolds & Brewin, 1998, 1999)，以及沉思出现得更频繁。沉思在 PTSD 中很常见并且是一个重要的维持因素。例如"为什么创伤会发生在我身上""创伤事件如何才能得以阻止"或沉湎于自己的生活如何被创伤毁了的想法中 (Murray, Ehlers & Mayou, 2002)。以往的研究一直未将闯入记忆从沉思中区分开 (Holman & Silver, 1998)。

1.3.2 缺乏时间视角

以往的文献通常将特定自传体事件的记忆作为情景记忆来探讨。情景记忆是塔尔文（Tulving, 2002）提出的，用来描述一种记忆系统，使发生在特定时间和地点关于特定经历的信息可以获得和提取。情景记忆的提取是独特的，在于其涉及自动意识（以往关于自我的感觉或经历）。

PTSD 的闯入再经历症状似乎缺乏情景记忆的定义性特征，

即某些来自过去的记忆内容的意识性。在一个解离性的闪回中，个体失去了所有对当前环境的意识，并且几乎再次经历了创伤经历。感觉印象再现仿佛是某些正在发生的事情的特征，而不是过去记忆的特征。而且，伴随着这些感觉的情绪（包括生理反应和自动化反应）也和创伤性事件发生时所经历的"原初情绪"一模一样 (Brewin et al., 1996; Ehlers & Clark, 2000; Foa & Rothbaum, 1998)。

以一种不太生动的形式，时间视角的缺乏似乎也适用于其他再经历的形式，包括闯入图像或令人回忆起的痛苦。PTSD 患者可能没有失去对所有当前环境的意识，但它们的闯入伴随着一种当前的威胁感以及"当下"感。例如，经历的感觉是当前的而非来自过去记忆的感受。再经历包括埃勒斯和克拉克（Ehlers & Clark, 2000）称为的没有记忆的情感。PTSD 个体有时候再次经历与创伤事件相关的生理知觉或情绪，却不会想起事件本身（缺乏来源信息）(Schacter, Norman, Koutstaal, 1997)

1.3.3 缺乏上下联结的背景

之前的实验研究表明，由创伤性事件产生的侵入性创伤记忆是相对固定不变的。根据这一假设，哈克曼（Hackman）等对 PTSD 患者进行了闯入记忆的访谈，发现每个患者几乎都经历了一小部分以刻板的、重复出现的方式产生的暗示（Ehlers & Clark, 2000 ）。

该访问的结果表明，PTSD 患者即使在事后（无论是在访问活动期间还是访问活动之后）获得与创伤性事件发生的最初印象相矛盾的新信息，也会由于缺乏上下联结的背景内容（即部分记忆的断层或破碎）而难以改变最初由创伤性事件引发的闯入记忆，使患者仍然难以摆脱最初事件带来的影响，不断地重新体验他们在事件中获得的情绪和感官印象。

1.3.4 触发因素

PTSD 的许多理论家对非自愿再驱逐的各种触发因素进行了评论。根据大多数患有 PTSD 的患者报告，创伤性事件的记忆闯入具有一定范围的泛化，报纸或电视、网络媒体报道的类似事件也会引发其入侵。许多报告称，恐惧对刺激的广泛概括，只是与最初的创伤性刺激有着松散的联系（Ehles et al., 2004）。

根据警报信号理论，尽管许多触发闯入记忆的刺激看上去与创伤性事件没有很强烈的意义上的关系，而只是与事件相关的暂时性线索。例如，与创伤前或创伤过程中出现的生理信号相似（如光的模式、声音的音调）；或匹配的内部提示（如触摸身体的某个部位）。被试通常不知道这些触发因素。因此，闯入记忆的触发因素通常与紧接着被重新体验的"警报信号"之前的刺激物（如一位经历过车祸的女士在洗涤衣物时遭到蓝色和黄色的记忆侵入，原因是之前经历的车祸发生的前一刻，她看见了黄色和蓝色交错的公交车向她驶来）或"警报信号本身"（如一位车祸幸存者在休息时突然变得焦虑，因为她似乎看见了车头灯向她驶来，但后来她意识到这种现象是由明亮的阳光触发的）具有某些（颜色、亮度等）物理特征上的相似性。

人们能有意识或无意识地察觉到自然环境中的威胁刺激，其中对威胁刺激的无意识察觉有进化优势，促使人们在没有清醒意识的情况下开始战斗或逃跑。这种潜意识的察觉受先天警报系统（innate alarm system，IAS）的调节。先天警报系统由功能连接的大脑区域组成，包括脑干、杏仁核、丘脑枕和额颞皮层，是一种快速的皮层下脑网络，可促进对威胁的快速反应。该系统主要是检测有意识和潜意识威胁，并处理异常威胁的相关皮层下大脑网络（Lanius,2016）。总之，这些脑区在中央神经系统易化了对威胁刺激的快速反应。

潜意识和意识的快速防御反应都刻画出了临床 PTSD 个体的一些特征。在意识水平上加工的引发物产生了可识别的防御反应模式（如积极回避、高警觉），潜意识水平上加工的引发物产生了一系列症状，然而迄今为止，其特点都不明确。严格来讲，潜意识和意识层面的引发物可能引发相似的防御反应（如高警觉性），由于潜意识引发物通常发生在患者的清醒意识之外，因此会更难以其为治疗目标。

以下将在意识和潜意识层面来阐述一些 PTSD 个体的与威胁相关的神经环路被改变的一些证据，重点在潜意识加工上。

同时，也会涉及那些强调非精神病群体中存在着先天警报系统的重要研究。

2.1 非精神病群体中对威胁相关刺激的潜意识加工

在健康个体中，在应对潜意识恐惧刺激时，针对恐惧加工的皮层下路线的特征已经得到阐述。利德尔（Liddell et al., 2005）等描述了蓝斑核 (Locus coeruleus, LC)、上丘（superior colliculus, SC）、丘脑核（pulvinar），以及杏仁核和前额皮层等区域的激活。这种机制被认为代表了一种进化的适应性反应，有助于警报机制和防御反应在清醒的意识之前快速激活，并因此增加生存的概率。

近期研究在癫痫患者中使用的颅内电生理方法，确定了在面对恐惧而非中性或快乐的低频率面孔时，快速的杏仁核激活早于视觉皮层的激活 (Mendez-Bertolo et al.,2016)。相似地，在健康个体中使用脑磁图 (magnetoencephalography,MEG) 也确定了，皮层下的杏仁核—丘脑枕通路参与对恐惧和快乐或中性面孔的早期（而非晚期）视觉加工。这些研究支持该理论，即快速的、皮层下的恐惧通路，允许在清醒的意识（如通过视觉皮层进行加工）之前对威胁进行快速反应或评价。情绪效价的差异（如恐惧对快乐）是否对快速视觉加工有不同影响，仍有待确定。

2.2 PTSD 个体对威胁相关刺激的有意识加工

人们对 PTSD 在神经生物水平上的理解大部分依赖于对有意

识的威胁加工的观察，在实验指导语期间，PTSD 个体首先呈现出高反应性的症状（如高警觉性），表明在前额叶区域 [如内侧前额叶皮质 (medial prefrontal cortex, MPFC)] 减少的神经激活以及伴随而来的包括膝前扣带回皮质（perigenual anterior cingulate cortex，PGACC）、杏仁核、海马体以及与记忆提取有关的大脑后部脑区（如中线压后皮层区域、楔前叶等）增加的激活。这些研究与 PTSD 的神经环路模型一致。相反，那些表现出人格解体和去现实化（PTSD-DS，DSM-5 中关于 PTSD 的分离亚型已经指出）等突出症状的患者在对威胁刺激反应时，在前额叶皮层 [如内侧前额叶皮质、背侧前扣带回（dorsal anterior cingulate cortex，DACC)] 表现出增强的神经活动，伴随着在边缘区域 [如杏仁核、前脑岛（anterior insula，AI）] 等区域减少的激活。

2.3 PTSD 中对威胁相关刺激的潜意识加工

先天警报系统对 PTSD 的发展和维持是一个关键因素。在对威胁刺激的潜意识加工期间，研究发现了与先天警报系统相关的一些脑区增加的激活，这些脑区包括脑干区域、杏仁核、内侧前额叶皮质、海马旁回（parahippocampus）和视觉皮层。总之，这些研究表明，PTSD 中先天警报系统对恐惧或创伤相关刺激的高活动性。Bryant 和同事的一项重要研究表明，与控制组相比，PTSD 个体在潜意识恐惧加工期间，增强了杏仁核—内侧前额叶皮质联结。同样地，近期研究也表明，在内隐（潜意识地）观看

第二章　创伤后应激障碍与认知的理论基础

恐惧面孔时，与暴露于战争的控制组相比，患有战争相关 PTSD 的个体在包括内侧前额叶皮质和杏仁核在内的恐惧环路脑区同步过强（hypersynchrony）。PTSD 个体（PTSD-DS）和其解离的子类型（PTSD+DS）对威胁刺激的反应有所不同。例如，与 PTSD-DS 患者相比，PTSD+DS 患者在无意识的恐惧加工期间表现出增强的杏仁核和海马旁回的激活。这些研究都表明，PTSD+DS 中先天警报信号系统增强的激活要早于边缘脑区的前额叶抑制，这些可以在 PTSD+DS 个体的有意识恐惧加工期间观察到。

除了 PTSD 个体中杏仁核和前额叶之间反常联结的关键发现之外，还有研究发现与休息的控制组相比，PTSD 个体中基底外侧杏仁核（basolateral amygdala，BLA）和前额叶皮层区之间增强的联结。研究强烈表明，在休息期间，先天警报信号系统内部有高联结性。实验室研究也表明，与 PTSD-DS 个体相比，PTSD+DS 个体在内侧前额叶区域中基底外侧杏仁核和中央杏仁核 (centromedial amygdala，CMA) 有增强的静息态功能联结。在基底外侧杏仁核和小脑丘（cerebellar culmen）之间也发现了增强的联结，其中小脑被看作小脑—边缘—丘脑—皮层网络（cerebello-limbic-thalamo-cortical network）的中心，该中心与战斗或逃跑反应（fight-or-flight response）中对威胁的快速反应有关。

脑岛（insula）也与先天警报系统相关。该脑区被认为通过监控内部环境的动态平衡而在对潜意识刺激进行反应中起关键作用。例如，静息状态时，PTSD -DS 和 PTSD +DS 个体表现出脑岛子区域和基底外侧杏仁核之间增强的联结。这种激活模式在 PTSD +DS 群体中最为突出，而且与先前关于 PTSD 个体中增强的杏仁核—脑岛联结的研究一致。还有研究表明，PTSD -DS 和 PTSD +DS 个体表现出背外侧导水管周围灰质（periaqueductal gray，PAG) 和先天警报系统脑区之间的联结，这些脑区包括了背侧前扣带 (anterior cingulate cortex, ACC) 和脑岛。至关重要的是，导水管周围灰质被认为可以部分地调节战斗或逃跑反应的自动模式。此外，背外侧和腹外侧导水管周围灰质均显示与梭形回的联结，该脑区参与到面孔、声音和运动的检测，以确定其环境威胁。这些发现再次强烈指出，即使在静息状态下，与维持防御性姿势相关的先天警报系统内部的超连接性，这点在 PTSD + DS 的患者身上尤为明显。

2.4 小结

先天警报系统是进化过程保存下来的神经环路，依赖于低级大脑结构帮助易化对所知觉威胁的即时响应，而非参与体感和前额叶皮层评价威胁来源并形成一个正确的反应。莫布斯（Mobbs，2007）等提出，当探测到神经末梢的威胁时，前额叶皮层会促进一个正确的逃跑计划。然而当威胁更近时，中脑和边缘驱动的"先天警报系统"的作用增强了。上丘对于接收视觉、听觉和体感输入非常关键，并且在对感觉刺激进行反应时帮助个体定位自己的躯体。在中脑水平上，上丘配合导水管周围灰质工作以帮助处理外在压力源。最终，上丘/导水管周围灰质为关于威胁来源的丘脑枕核（pulvinar nuclei of the thalamus，Pulv）提供了输入，反过来，又与杏仁核进行交流帮助发动对威胁的即时反应。尽管杏仁核将威胁信息传达到前额叶皮层，它仍然能独立引发对威胁刺激的快速反应。杏仁核支配蓝斑（蓝斑核，locus coeruleus），这是另外一个中脑结构，负责执行对威胁刺激的生理反应，也支配导水管周围灰质。在其中，这些结构协同工作来引发对威胁刺激的"战斗或逃跑反应"。在这样做时，蓝斑最终投入到脏器中以促进这些器官的积极激活。先天警报系统与几种其他的神经模型一致，这些模型被提出来用以解释对意识和潜意识威胁的生理和行为反应，包括克莱夫（Cleve，2009）提出的神经感觉模型以及舒特（Schutter）等提出的小脑—边缘—丘脑—皮层网络。在后一种模型中，小脑在先天警报系统中起着平衡作用。在该系统中，小脑与中脑结构持续交流并被认为对于威胁的快速反应加工非常重要。

　　研究提出先天警报系统内部杏仁核次级区域的高连接性。发现 PTSD 患者在前额叶（内侧额上回，medialsuperior frontal gyrus，SFG）和右中央杏仁核之间增强的联结。有趣的是，同时也发现在基底外侧杏仁核和上丘之间减弱的联结。这种异常的反应模式可能导致来自上丘的感觉信息整合到基底外侧杏仁核中的会减少，从而减少对输入信息的情绪评价。有趣的是，在有意识的威胁加工期间，蓝斑核（参与唤起调节和先天警报系统）和左基底外侧杏仁核之间增强的联结也被指出，说明在有意识的威胁加工期间进一步加剧的功能联结。尤其，在创伤的潜意识加工期间，与控制组相比，在 PTSD 个体中已经发现了增强的右后部扣带回皮层被激活。增强的小脑激活表明个体努力把潜意识威胁线索整合进意识经验中（Rabellino et al., 2016）。这里，再经历和高唤醒症状与先天警报系统中关键组成部分的高激活相关，包括了在潜意识加工期间的杏仁核，以及意识加工期间的导水管周围灰质和上丘。反过来，回避症状与情绪向下调节相关区域(如额下回, the inferior frontal gyrus)增加的激活相关，这些与在 PTSD + DS 个体身上观察到的情绪过度调节一致。此外，研究也发现在潜意识恐惧加工期间在小脑区域（左小叶 IV/V）减少的激活。鉴于左小叶 V 区在感觉运动知觉中的作用，有可能在潜意识加工期间有助于感觉运动整合的该区域，PTSD 个体的这个过程可能遭到了破坏（Rabellino et al., 2016）。

导水管周围灰质是有意识地评估表面威胁并作出反应的，而先天警报系统则是负责处理潜意识情况下评估潜在威胁，两者并不是割裂的。研究发现，患有 PTSD 的患者面临迫在眉睫的威胁时，两者共同作用导致过度觉醒反应和增加防御反应的行为。先天警报系统处于上丘之中，在面对威胁时，PTSD 患者往往是上丘优先且能连接到更加广泛的功能脑域并伴随着较强的控制力。相比之下，健康个体的导水管周围灰质几乎没有启动。这就说明先天警报系统在处理有意识和潜意识的威胁评估时都起到了无可置疑的作用，并且和相关脑干有着十分密切的功能连接。

二、创伤后应激障碍的双重表征理论

由于闯入性记忆是 PTSD 的核心症状之一，因此如何研究它就成为 PTSD 的一个研究范畴。然而，关于解释闯入性记忆（即闪回）的理论有很多，其中双重表征理论颇具影响力，其支持多重记忆系统的观点。双重表征理论在早期后，又经历了不断的修订。

1. 早期的双重表征理论（dual representation theory）

1.1 理论介绍

布林等（Brewin et al., 1996），提出了闯入记忆的双重表征理论（dual representation theory, DRT）。该理论简要总结了以下五个领域的知识状况：（1）该理论应考虑该疾病的临床特征，包括相关症状的范围和该疾病的时间进程；（2）它应该表明创伤后应激障碍的症状本身是否会在发生时自动指示异常过程，如果它们不是,那么该理论应解释正常和异常处理在综合模型中的差异;(3)该理论应概述与创伤后应激障碍的严重程度和结果相关的条件,并应解释这些关系;(4)该理论应该将创伤后应激障碍与其他相关疾病区分开,并解释任何共病的证据;(5)应解释创伤后应激障碍信息处理的实验数据。最后,理想情况下,该理论应该比现有理论更好地解释可用的数据,并做出可以通过经验性检验的新预测 (Brewin, Dalgleish, & Joseph, 1996)。

1.2 两种表征

布林和他的同事最初(Brewin et al., 1996)提出一种创伤后应激障碍的认知理论,该假设认为创伤性事件是由两个平行的记忆系统表征,即言语可及记忆系统 (verbally accessible memory system, VAMs) 和情境可及记忆系统 (situationally accessible memory system, SAMs),这两个系统都是正常记忆的一部分。这些不同类型的记忆用于解释创伤后应激障碍的复杂现象学,包括重温创伤性事件和情绪处理创伤的经验。

一种表征是有意识的创伤体验,布林(Brewin, 1996)将其称为"可回忆的言语知识",它包含了一系列自传记忆,这些记忆可以进行独立和逐步的编辑。"可回忆的言语记忆"(VAM) 系统主要包含有关情境的感官特征,所经历的情绪和生理反应以及事件感知意义的一些信息。在双重表征理论中,自传体记忆的提取有两种方式,一种是高速有序有意义的加工提取策略,一般以主题和时间阶段来组织自传体记忆；另一种提取方式是通过和事件相关的刺激所触发的 (Brewin, 1996)。可记忆的言语知识是在一个完整的个人环境中表现出来的，包括过去、现在和未来。它们包含个人在创伤之前、期间和之后所处理的信息，并且接收到足够的有意识的处理，以稍后可以故意检索的形式转移到长期存储器中 (Brewin, 2014)。这些记忆可用于与他人进行口头交流，但是它们所包含的信息量受到限制，因为它们只记录有意识地注意到的内容。将注意力转移到威胁的中间来源和高水平唤醒的影响极大地限制了在事件本身期间可以记录的信息量。

第二种表征是由无意识加工形成的，称为"可回忆的情境知识"。当个体处于物理特征或意义与创伤情况类似的环境中时，可以自动激活这种表征。这种情境可能是内部的，例如有意识地考虑创伤，如在电视上听到类似的创伤。闪回被认为反映了"可回忆的情景记忆"(SAM) 系统的操作，因此反映了一个事实，即闪回只能通过创伤的情境提醒（在外部环境或人的心理过程的内部环境中遇到）而不自觉地触发 (Brewin, 2014)。SAM 与感觉和情绪紧密相连，只能通过情境线索触发 (即非自愿提取)。SAM 往往是非常详细的、重复的记忆（倒叙），难以编辑，伴随着创伤期间经历的情绪和生理变化。SAM 的范围广泛，很难主动回忆，相对而言也难以改变，包括感觉信息、生理和机体运动信息，通常以与创伤性事件相关的闯入性景象和闪回的形式出现。

1.3 双重表征理论的常规或非常规加工的过程

与其他的创伤后应激障碍理论不同，双重表征理论明确包括对创伤的一般反应和创伤后应激障碍特有机制的考虑。症状持续时间为1个月，是诊断创伤后应激障碍所必需的，根据该理论很可能描绘出正在成功完成其创伤加工过程的个体，以及那些将继续经历慢性情绪加工或将要永久抑制该加工过程的个体（Brewin，1996）。通过这种方式，理论可以解释并确实预测关于闯入性记忆与随后症状之间关系的相互冲突的发现。这表明有两个相关的调节变量，创伤程度和创伤后经过的时间长度。在轻度创伤中，只有一部分人可能经历几天以上的闯入性记忆，因此更长时间的闯入可能意味着后期精神障碍的可能性增加。相反，在实质性创伤后立即存在闯入性记忆是一种正常的反应，不会预测随后的调整。然而，几周或几个月后，持续的情绪加工可能意味着无法解决预期和目标的差异，以及无法抑制不必要的记忆被重新激活。因此，创伤后经过的时间越长，这种症状就越有可能预测不良结果。

1.4 双重表征理论的情绪加工

双重表征理论使用"情绪加工"一词来表示主要为意识加工过程，在其中，关于过去和未来事件的表征以及对相关身体状态的意识，会重复进入工作记忆中并被积极地处理。双重表征理论

第二章 创伤后应激障碍与认知的理论基础

认为，情绪加工的第一个要素是通过信息处理理论最好地描述单元素包括高度特异性 SAM 的激活，其功能是通过提供关于事件（闪回）详细的感官和生理信息来帮助认知重新调整的过程。第二个要素是由社会认知理论最好地描述，指的是一种有意识的努力，通过寻找意义、对起因和责备作出判断来容纳创伤所提供的相互矛盾的信息。该过程的终极目标是通过恢复安全感和控制感，以及通过对关于自我和世界的期望作出正确的调整来减少负性情绪。这个过程通常会产生不必要的影响，产生往往会触发情境通达记忆中自发的闯入意识，SAMs 入侵意识。通过信息加工系统以注意偏向和记忆偏向的形式高度优先加工创伤相关线索，这两种因素都得到了进一步的促进。

记忆表征形成后，个体会对其进行有意识的情绪加工，情绪加工涉及各种情绪反应。情绪处理的目的可以被视为由两个元素组成。一方面，通过有意识地重新认识控制，重新分配责任，实现新信息与先前存在的概念和信念的整合，人们需要积极减少创伤的影响及其产生的次要负面影响。可能需要对自传记忆 VAM 进行大量编辑，以便将对事件的看法与先前的期望结合起来。情绪处理的另一个方面是为了防止继续自动重新激活关于创伤的情境可获得的知识。在每一次情景通达意识被激活并进入意识之后，只要其中包含的部分或全部信息恰好与同时出现的身体状态或意识内容的变化配对，SAM 就会自动改变或加入。身体状态的变化可能包括减少唤醒和减少负面影响的状态。这些情感和唤醒的变化可能通过许多手段带来，包括对创伤性图像的自发或程序化习惯。类似的变化也将伴随着有意识地恢复安全感（减少恐惧），放弃现在无法实现的目标（减少悲伤），消除对创伤的责任（减少愤怒），自我从责任的解决（减少内疚），以及将新信息整合到预先存在的期望中的其他方法。

有意识的情绪加工可能被初步抑制是双重表征理论的另一个特征，这种特征意味着该理论可以更容易地解释创伤后应激障碍的不可预测的时间过程，并且经常观察到，在接触适当的线索后，情绪处理可能在它已经停止之后的几年内恢复。它也可以解释对那些似乎从未有意识地加工过创伤，但随后经历过慢性噩梦的患者的临床观察。这将代表一种抑制意识处理的极端例子(Brewin, 1996)。

创伤性事件表征经过情绪性加工后，会产生三种结果：（1）整合成功，创伤记忆表征与个体以往的关于自身和世界的预存模型进行完全整合。完成整合代表着一种理想阶段（于肖楠，2003），在这个阶段创伤记忆得到完全加工，并且创伤记忆已经与人们的其他记忆及自我感觉完全整合。（2）慢性的情绪加工，创伤信息与预存模型不能整合。这种情形下，认知加工偏差、高度唤醒和负性情绪会慢性地持续下去。因此在许多情况下，PTSD与沮丧、焦虑等的共同发病很可能反映了慢性情绪加工的效果。（3）过早抑制情绪加工，创伤受害者竭力避免思考创伤情境，压抑情绪并发展成一套逃避模型，表面上看起来已从创伤中恢复过来，但未经加工的记忆在某些情况下仍会被激活。

2．修正后的双重表征理论

2.1 修正后 DRT 理论介绍

后来，布林等（Brewin et al.，2010）基于正常记忆和心理表象的神经生物学模型修正了双重表征理论，DRT 假设在创伤性事件发生时，事件是按两种不同类型的记忆表征进行编码（Brewin & Burgess，2014）。一种类型的表征包括在创伤性事件期间经历的感觉细节和情感/情绪状态，即基于感觉的记忆（sensory-bound representation, S-rep）。另一种包括感知输入的子集，记录为抽象结构描述，与个体所经历的空间和个人背景相似，即情境表征（contextual representation, C-rep）。

S-reps 和 C-reps 主要不是通过输入类型（如感觉与语言）来区分，而是表示输入刺激的不同方面，即对来自同样的输入刺激用不同方式进行加工。在健康的记忆中，S-rep 和 C-rep 紧密相关，因此通常通过相关的 C-rep 检索 S-rep。对 C-reps 的使用是在随意控制下进行的，但也可能非随意地发生。根据 DRT，由于创伤性事件的极端情绪特征，当 S-rep 被非常强地编码时，S-reps 的直接非自愿激活和再体验就发生了，并且 C-rep 要么被弱编码，要么与 S-rep 没有通常的紧密关联。这可能是由于应激诱导的海马记忆系统向下调节，或由于对创伤性事件的解离反应。根据 DRT，由于创伤性事件的极端情感显著性，高水平应激在增强杏仁核功能的同时损害海马功能，导致个体对创伤性事件进行病理性编码（即闪回），即个体在编码该事件时更倾向于编码基于感觉的记忆而不是语境记忆的编码。个体的对创伤性事件闪回的部分原因在于该系统对于事件的病理性编码，具体而言，个体的 S-rep 编码强度上调，而 C-rep 的编码强度下降，且两者之间的联系被切断。在回忆过程中，正常的有意识的回忆更多的是在大脑前额叶皮层的指导下由 C-rep 自上而下的驱动，S-rep 的再激活被削弱。然而，创伤性事件的非自愿回忆更多地表现为视觉表象由 S-rep 自下而上驱动，由情景线索触发，而 C-rep 的功能基本不被激活。

C-rep 较为结构化和抽象，它主要记忆个体有意识的观察和客体中心。该记忆可以与自传体语境知识相整合，可以通过模拟和沟通得到改变，个体也可以通过语言自愿或非自愿提取该段记忆。然而 S-rep 更具描绘性，记忆的内容大多是无意识的内容和以自我为中心的，该记忆的视角更加自我，记忆更多的是自动化的反应和立即性的动作，其记忆的提取更多依赖于情景线索的刺激而不是自愿地寻找。

在 DRT 中，治疗或正常恢复的一个方面可以被认为是 S-rep 和与其相应的 C-rep 重新建立关联，从而可以在其适当的情况下看到创伤性事件的感觉和情感/情感表示。这带来了有益的后果，例如允许相关的 C-rep 和当前的个人背景之间的差异被理解并用于控制 S-rep 的检索，允许与其他自传知识的整合，并促进有意回忆和沟通创伤性事件的细节。创伤后应激障碍中 S-reps 和 C-reps 之间的不平衡也与观察结果一致，尽管创伤性事件的闯入性感觉和情感表征在创伤后应激障碍中频繁发生，对创伤性事件有意识地控制的"背景依赖"或"片断的"记忆。事件经常受损 (Brewin & Burgess, 2014)。DRT 还对应于恐惧条件反射的动物研究，其中获得感觉刺激和厌恶事件之间的关联导致随后对刺激的非自愿恐惧反应，如恐惧强化的惊吓。这些变化取决于感觉表征与 S-rep 中情绪状态的内部表征之间的关联，并且可能由杏仁核介导。然而，这些可怕反应的表达由 C-rep 控制（可能由海马体介导），因此它们仅发生在遇到厌恶事件的同一物理环境中。

2.2 修正后 DRT 理论相关研究

在对 C-rep 和 S-rep 的研究中，大多是使用健康的被试进行模拟创伤实验，主要关注创伤期间的加工。大多数研究使用创伤电影，但内容不同，主要是真实的交通事故、真实的紧急场景、或交通事故电影片断。除了创伤影片，研究人员还采用创伤性事件报道录音、图片故事和情绪性图片 (Brewin & Burgess, 2014)。

许多研究试图使用 Pearson 及其同事 (2012) 采用的创伤影片范式来检验恐惧反应的表达是由 C-rep 控制的 (很可能是由海马

体介导的) 理论 (Holmes & Bourne, 2008)。在这些研究中，参与者暴露于持续几分钟的带有创伤性的电影片段，其中包括创伤性或干扰性元素，并且使用日常日记在随后的一周内记录电影中无意识地出现在他们大脑中的场景。创伤电影范例旨在吸引和保持参与者的注意力，激发唤醒个人参与和同理心的感觉，模仿现实生活中的事件 (Brewin & Burgess, 2014)。为此，通常包括听觉评论，其为所显示的场景提供附加文本（如其描述了车祸的受害者是谁以及他们在事故发生时的去向）。事实上，任何相关情境的视觉、听觉或是触觉的材料刺激都会产生闯入性的视觉图像。此外，即使没有任何视觉材料，听觉评论也会产生闯入性视觉图像。大量研究表明，同理心和唤醒和个人参与 (Levine & Edelstein, 2009; Holland & Kensinger, 2010) 可以增加个体回忆的可能性。根据 DRT，在创伤期间的加工，S-reps 争夺资源的视觉空间任务将减少后续的闯入性图像的数量。然而，创伤性事件被编码成 S-reps 并且 DRT 内的 C-reps 与输入中存在的附加信息的量或其表示形式没有任何直接的关系。相反，它是由输入中包含的信息与输入处理方式之间的相互作用产生的（由海马效率，并发干扰物任务或解离等因素决定）(Brewin & Burgess, 2014)。

由于 S-reps 编码有经验丰富的情感和情绪状态，可提供有关创伤图像的额外信息，将提高参与者的唤醒度、对所显示内容的理解、个人参与程度或同理心，然后可能对应于创伤性事件的

S-rep。然而，任何有关创伤性影像的额外信息对 C-rep 的直接影响将取决于该信息与参与者自身的空间和个人背景之间的关系。之前的许多工作都集中在预测编码或整合过程中，与 S-reps 竞争资源，视觉空间任务将减少后续侵入图像的数量，而与 C-reps 竞争资源的动态任务将增加侵入图像的数量。因此，操作的关键是在编码时或编码后不久改变感官输入的处理模式。

另一种方法是研究在记忆视觉空间场景中 S-reps 和 C-reps 的不同特征。S-reps 和 C-reps 记住了一个视觉空间场景，被感知约束的 S-reps 应该与自我中心图像特定对应于感知场景的视点，而 C-reps 应该对应于场景中所描绘的分配中心空间上下文的更抽象的结构表示。海马处理特别需要在从移位的角度进行测试时识别物体在场景内的位置，而不是从相同的角度识别它，与 DRT 中的 C-reps 的神经介导（在这种情况下，空间背景）一致。因此，比斯比及其同事（Bisby et al., 2010）测量了参与者在展示创伤影片之前，从相同或不同的角度记住物体位置的能力的个体差异。与视图内存静止的图式记忆相比，动态的记忆视图在接下来的一周内闯入性记忆将增加。使用类似的方法，格等（Glazer et al., 2013）发现，具有较弱移位视图位置记忆的个体自然发生的闯入性记忆更强烈地表现为缺乏时间背景（增加"现在性"）。

基于既往研究以及双重表征理论的完善，比斯比等（Birrer

et al., 2007）试图从实验的角度进一步探究不同记忆方式对于创伤后应激障碍的影响。比斯比认为，尽管闯入性图像是 PTSD 的一个标志，并且也出现在抑郁症中，但对这些图像在这些情况下的异同知之甚少。该研究重点探讨了三组创伤后应激障碍患者和有无创伤的抑郁症患者的闯入性图像的性质和触发因素及其反应，以突出创伤后应激障碍和抑郁症的闯入性图像的诊断特异性。该实验区分了闯入性图像和言语闯入性认知，如反刍和闯入式（简短）词汇思维。该研究结果与文献一致的是，创伤后应激障碍患者的闯入性图像具有更高的"此时此地"质量，与两个抑郁组相比，其视觉感知能力更强。这些组在其他图像质量方面表现出很大的相似性。最重要的是，该研究发现：创伤后应激障碍患者和有/无创伤的抑郁症患者的闯入性图像被认为是同样痛苦的。反刍和闯入式（简短）词汇思维是闯入性图像两种最常见的触发因素。

3．双重表征理论的干预措施

双重表征理论认为 PTSD 可能包含两个独立的病理过程，一个涉及消除负面信念及其伴随的情绪，另一个涉及倒叙的管理。恢复取决于这两个过程的结果。一个要求是减少认知产生的负面情绪，评估创伤，有意识地重申感知的控制，重新定义责任，将新的信息与预先存在的概念和信念结合起来。另一个要求是防止持续自动恢复关于创伤状况的可获取知识 (Brewin & Holmes, 2003)。

根据 DRT, 在记忆编码或巩固期间与 S-reps 竞争资源的视觉空间任务将减少后续闯入图像的数量, 而与 C-reps 竞争资源的言语任务将增加闯入图像的数量, 因此 PTSD 的治疗是使 C-rep 与 S-rep 重新产生关联, 即强化 C-rep, 促进 C-rep 与 S-rep 的相互作用关系, 从而在适当的情境中可以看到创伤性事件的感觉与情绪 (Brewin & Burgess, 2014)。治疗方面, DRT 建议创伤后应激障碍将通过干预来加强创伤记忆的腹侧流处理, 例如, 通过鼓励从不同视角对创伤场景进行可视化, 或者干扰背侧流处理, 如使用经颅直流电刺激 (Brewin, 2014)。成功识别闪回是建立在强烈的熟悉感基础上的。不需要完全回忆, 因为详细的感觉背流代表离子使个人能够快速、自信地识别图像, 而无需再进行记忆搜索 (Whalley, 2013)。

研究发现, 健康被试在观看消极负性的表象后进行如视频拍摄或玩视频游戏以及俄罗斯方块等视觉空间任务, 可以减少消极记忆的潜在干扰 (Brewin & Burgess, 2014)。同时言语任务的效果更加多样化。例如, 在 3 秒或 7 秒内倒序计数确实增加了闯入性图像的数量, 而记住 9 位数字或其他任务对它们则没有影响。这表明, 只有一些言语任务能够成功地与 C-reps 争夺资源 (Brewin & Burgess, 2014)。针对视频拍摄或玩视频游戏以及俄罗斯方块等视觉空间任务，可以考虑进行加强临床研究，并适当开展真实创伤情境的干预研究。

4. 讨论

双重表征理论是将PTSD看作一种对创伤不成功的适应方式。这一理论的创新之处在于指出了言语通达知识与情境通达知识的区别，并提出了情绪加工过早抑制的观点。双重表征理论与当代认知心理学及神经科学密切相关，有利于促进闯入性记忆理论的发展以及对PTSD的临床应用研究。同时，双重表征理论是一个重大的理论进步，它有助于我们理解创伤记忆方面的个体差异，填补创伤受害者记忆研究方面的空白。然而，在双重表征理论的研究中仍然存在许多争议，需要系统地加以验证，并需要进一步地研究和改进。随着对PTSD及其疗法的深入研究和探讨，人们对双重加工理论的真正价值和局限性将会有更为准确的评价。

三、创伤后应激障碍的动物模型

1. PTSD动物模型建模

PTSD相关研究在许多层面上进行，许多研究都关注这一疾病的基本方面。利用患者研究PTSD是最有效的研究方式。然而，人类获得创伤后应激障碍是偶然的，因此实时观察的机会少之又少，并且创伤的性质也是高度可变的。此外，在健康志愿者中诱导PTSD在伦理上是不可行的。基于这些原因，使用人类被试不太适合于识别与创伤暴露后恢复失败相关的脑机制因素。

考虑到PTSD的人类特征，多个研究小组开始寻找更实际的方法来了解这种复杂的疾病。由于实验室动物已经在许多科学分支中被广泛使用，不久后就有研究小组着手研究关于PTSD的动物模型。现在，许多动物模型被广泛和成功地使用，这些模型通常涉及实验室的小白鼠。PTSD这类心理障碍的动物模型之所以有用，是因为疾病症状和潜在的原因可以引入大型动物群体中（包括个体差异）。动物个体可以对相关病症产生基本理解，并在治疗设计中转化为人类被试进行验证和实施。如今，人类已知的病症必须与动物研究联系在一起，以便更好地对动物模型进行建模。然而，在使用动物模型之前，必须有足以令人信服的证据证明该模型的有效性(Borghans et al., 2015)。

在目前已有的几种有效的动物模型之前，还没有系统的方法来评估动物模型与PTSD的相关性。有研究者以此为目的设计了一个清单，从1993年设计至今，仍然是一个比较不同压力源的有用的方法。根据这个列表，至少有5个不同的标准可以用来评价一个模型与PTSD之间的相关性：(1) 即使是非常短暂的应激源也应诱发 PTSD 的生物学或行为症状；(2) 应激源应能以剂量依赖性的方式产生症状；(3) 随着时间的推移，产生生物学症状的改变应持续或变得更加明显；(4) 改变应具有生物行为变化的双向表达的潜力；(5) 个体间的变异性反应表现为经验或是在遗传学方面的作用 (Yehuda & Antelman,, 1993; Yehuda & Le Doux, 2007; Daskalakis et al., 2013)。

2. 基于压力源的 PTSD 动物模型

迄今为止，研究者已经开发了多种动物模型。有学者根据这些模型构建中，模拟引起创伤后应激障碍的创伤使用的各种方法将压力源分为生理、心理和社会压力源 (Whitaker, Gilpin & Edwards, 2014)，由此将动物模型分为不同类别。

2.1 基于生理压力源的 PTSD 动物模型

生理压力源是使用厌恶刺激来直接对被试造成压力的相对基本策略，与濒死体验或事故相似，如 PTSD 患者中占较大比例的士兵所经历的事故。使用生理压力源的创伤后应激障碍动物模型包括足部冲击、压力增强恐惧学习等。物理压力范例可单独使用或组合使用以模拟不同程度的压力，并检查对后续压力源的行为反应。虽然有广泛接受和有用的创伤后应激障碍模型，但其仍有缺陷，就是它们难以检查创伤后应激障碍发展中的个体差异。

2.1.1 单次延长应激

单次延长应激（Single-prolonged stress，SPS）模型主要以大鼠为基础，并围绕创伤后应激障碍的发展而建立。标准范例为先抑制大鼠 2 个小时，随后强迫它们进行 20 分钟游泳，15 分钟后释放乙醚直至大鼠失去知觉。通过 SPS 模型再现了在 PTSD 中经常观察到的未能保留消退记忆的情况（Knox, George et al., 2012）。该模型还发现 HPA 轴的快速负反馈增加，模仿 PTSD 的神经内分泌指标（Yehuda, Southwick et al., 1993）。SPS 的动物表现出海马突触可塑性降低的情况，这既可能与 PTSD 中海马体功能的下降有关，也可能与增加了听觉惊吓有关（Khan, Liberzon et al., 2004），这可能是精神分裂的标志。作为 DSM-5 标准之一的 PTSD 的重要属性之一的高唤醒，恐惧消失与海马体和前额叶皮质糖皮质激素受体表达增加有关。

2.1.2 约束压力

除了经常用作 SPS 模型一部分的约束应力（Restraint stress，RS）之外，在 RS 模型中，施加约束压力的过程也会产生类似 PTSD 的焦虑症状。研究者通常将动物的头部和四肢连接到木板上或者放置在塑料约束装置中并持续 15 分钟至 2 个小时（Valles, Marti et al., 2006）。之后一般会通过强迫动物游泳来评估静止状态（Liberzon et al., 1997），该组合实验在时间依赖的敏感性或压力抑制模型之后显示出对动物的强迫游泳应激源的敏感性。还有一些使用该模型的研究表明，实验中动物增加的负 HPA 反馈类似于 PTSD 中观察到的反馈（Yehuda et al., 1993）。急性和慢性抑制都会显著增加行为焦虑，但是可以通过用鸟苷酸刺激 α-2a 肾上腺素受体来防止受到慢性抑制应激的影响。

2.1.3 足部休克

有些研究人员使用电击作为动物模型的压力源。虽然可以电击动物的尾巴，但是足部压力模型（Foot shock，FS）中最常见的方法是使用金属地板（Van Dijken et al., 1992; Servatius et al., 1995; Pynoos et al., 1996）。通过经典的恐惧条件反射理论可知，这种基于休克的方式通常将厌恶电刺激与无害因素联系起来。听觉提示通常与电击一起使用，以引起仅用声音的受惊后恐惧回忆。通过使用这种设置与安全的地方（如动物的笼子）之间的差异，产生电击的环境也会与恐惧反应联系起来。基于该原理的模型通常包括对恐惧消退的测试，而该测试在 PTSD 治疗和大部分非药物 PTSD 治疗（如暴露疗法）中受损。暴露于这种模型的啮齿动物在面对与电击相关的情况时会在新环境中表现出减少运动和条件恐惧反应，反复进行足部电击会增加高架和迷宫测试中的焦虑行为。实验发现，每周让动物恢复到休克状态，会增加它们的听觉惊吓反应，显示出过度兴奋的迹象（Pynoos et al., 1996）。基线皮质醇水平降低和 hpa 负反馈增强是 PTSD 的特征，在不可避免的电击模型中不能明显反映出来。

在这些模型中，预期的 hpa 变化只在雌性大鼠身上发现。FS 模型还可用于研究从创伤性恐惧中恢复的个体差异，模拟人类对 PTSD 易感性的变化。其他危险因素，如人体 5-HTTLPR 变异，包括 PTSD 在内的多种焦虑症患病率的影响，也可在此模型中进行评估（Xie et al., 2009; Grabe et al., 2009; Thakur et al., 2009）。去除 5-5-HTT 的大鼠表现出增加的冷冻和受损的恐惧消退或恐惧消退回忆，已被用作更易受 PTSD 影响的 5-HTTLPR 基因型的模型。

2.1.4 应激增强的恐惧学习

应激增强的恐惧学习（Stress-enhanced fear learning，SEFL）也使用电击作为刺激。研究者在第一天对实验组进行随机的电击，在 24 小时后（即第二天）进行一次电击，而对照组始终都不会受到电击。在第二天给予任何电击之前，动物的受惊程度被评估为学习恐惧的一个衡量标准（Rau et al., 2005）。第三天将第二天的实验再次重复以评估恐惧记忆。随后的电击被证明可以改善持续几个月的恐惧反应。即使是轻微的压力源也可以用来产生学习恐惧，而致敏性电击的强度也会影响致敏程度。接受 SEFL 模型的大鼠显示出几种类似 PTSD 的症状，包括过度警觉、失眠、注意力受损以及皮质酮水平减弱。这种行为是由纹状体末端的 CRF 受体导致的，其中 CRF 受体 2 型 mRNA 的上调与 PTSD 行为相对应，并且敲除慢病毒降低了对症状的易感性

（Lebow et al., 2012）。过度表达该受体也改善了大鼠的PTSD症状。

2.1.5 水下创伤

水下创伤（Underwater trauma，UT）不能与强迫游泳测试混淆，通过将动物置于深度至动物无法站立的水中诱发创伤性压力，强迫动物游泳30秒，然后将动物淹没于水中30秒（Richter-Levin et al., 1998）。该模型已经被证明可显著增加大鼠焦虑行为，并且UT可引发大鼠齿状回以及杏仁核和海马体的几种记忆相关变化 (Richter-Levin, 1998; Moore et al., 2012)。

2.2 基于社会压力源的PTSD动物模型

社会压力因素不是依靠直接的负性刺激对动物施加压力，而是利用动物的自然社会行为。由于人类对创伤性社会经历有反应，并且已知个体会在儿时遭受虐待等情况下产生创伤后应激障碍，因此对其他物种也是如此。社会压力包括居住不稳定、社会隔离等。利用社交压力源的PTSD动物模型经常将它们与PTSD的其他心理模型结合使用，如捕食者气味暴露模型等。

2.2.1 居住不稳定性

居住不稳定性（Housing instability，HI）模型经常将具有不同网箱群的个体动物配对。由于患者的居住不稳定性会对PTSD造成影响，因此建立该模型是有意义的。根据基于捕食者的心理社会压力 (predator-based psychosocial stress，PPS) 模型，这种模型下的大鼠通常会先与猫接触，大鼠在经过这种组合模型之后，会显示出对新环境的适应性受损。在大鼠身上发现其皮质酮抑制增加，基线水平降低（根据地塞米松抑制试验评估），抑制 hpa 功能障碍，以及增加游离水平和对压力源的兴奋和高升加上迷宫焦虑（Pibiri et al., 2008）。

除了居住不稳定外，成年期间发生一天至八周的社会隔离或母体隔离也可能产生 PTSD 症状（Imanaka et al., 2006; Pibiri et al., 2008)。成年大鼠的社会隔离增加了在恐惧调节范式中测量到的时间，在这种模式中，电击与音调成对，同时也会削弱恐惧的情绪 (Pibiri et al., 2008)。此外，青春期的社会隔离会引起更高的焦虑，包括较高的基础皮质酮浓度和地塞米松给药后未能抑制皮质酮 (Butler et al., 2014)。有趣的是，有研究声明社会居住（而不是社会孤立）可以改善奖惩功能长期损害的症状 (Frijtag, 2000)。

2.2.2 社会不稳定性

就像随机笼组 HI 模型一样，可以使用社会隔离（Social instability，SI）建立类似 PTSD 的症状。成年大鼠中至少一天的分离会导致造成更多的惊吓和 FS 类恐惧条件反射期间的恐惧消退受损。与前文的 HI 模型同样发现焦虑增加和 hpa 变化，尽管后者是由 SI 模型中抑制受损和皮质酮基线水平升高形成的（Butler et al., 2014）。GAD 65 的缺陷可以使大鼠恢复应激能力，这很可能是通过 GABA 的传输来实现的。

2.2.3 早期生活压力

早期生活压力（Early life stress，ELS）在成年期 PTSD 的发展中起着重要作用。通过大鼠的母体分离诱导社会不稳定产生与成年动物的 SI 模型相似的结果（Imanaka et al.，2006）。研究者发现儿童经历的创伤性事件会影响生命后期出现 PTSD 的症状。通常在大鼠出生后第二天到第 14 天时将母鼠和幼仔分开几个小时来模仿童年创伤。使用这种模型的研究发现了声音上的惊吓反应，焦虑行为和 HPA 功能的性别依赖性。男性个体和女性个体都表现出焦虑增加，但可能由于使用了不同的方法来测试唤醒，在过度觉醒的研究中发现了与前文相矛盾的症状（Whitaker et al.，2014）。当 ELS 和其他压力模型一起呈现时，一旦动物成年，它就会增加对另一个压力源的反应。ELS 通过母体分离后的 SPS 导致增加情境性惊吓和焦虑行为。

2.2.4 社交失败

在社交失败（Social defeat，SD）模型中，被试接触并受到单一攻击性动物的抑制。被抑制的动物可以被归类为易感群体和可恢复群体，虽然两者都表达焦虑行为，但易感群体会表现出更多的回避症状。受到 SD 的易感群体和可恢复群体都会增加由高架十字迷宫测量的焦虑行为；然而，在应激后第 11 天和第 39 天，只有易感动物表现出回避行为的增加。有趣的是，第 11 天早晨皮质酮水平没有变化；然而，易感动物显示出钝化的皮质酮水平，而可恢复的动物群体在应激后第 39 天发现体内皮质酮水平增加（Krishnan et al., 2007）。总地来说，这些数据表明社交失败产生 PTSD 特征的双向行为和生物学表现，其在易感动物群体中持续存在，确定可用于研究 PTSD 的神经生物学机制模型。目前尚不清楚这些行为变化是否与受到抑制的强度有关，可以在接下来的研究中进行进一步的研究调查。

2.3 基于心理压力源的 PTSD 动物模型

虽然生理和社会压力源都用强效刺激来代替，使大鼠产生类似 PTSD 的反应，但大多数依赖于人口平均值的相关模型都没有考虑到人类表现出来的不同的创伤易感性，以及个体对创伤后应激障碍的发展具有敏感性或韧性，由于心理压力因素通常是对自然捕食者本能反应的利用，因此这个方面可以通过心理压力来更好地再现。如上所述，身体和社会压力源都能够使大鼠产生几种与 PTSD 症状不同的行为和使神经内分泌产生改变。然而，这些模型通常检查平均组应力效应而不考虑应力反应性的个体差异。因此，选择 PTSD 动物模型时的一个重要问题（特别是在设计研究确定机制、合并症、生物标志物和 PTSD 发展的易感性时）是将可恢复群体与易感群体分开的能力，这是一个最好用心理压力源来解决的标准。

2.3.1 捕食者压力

捕食者压力模型（Predator-based psychosocial stress，PPS）

依赖于在受到威胁时控制的缺乏，破坏性的有压力经历的提示物以及有限的社交互动，这些症状也是人类创伤后应激障碍的特征。PPS 模型会周期性地使啮齿动物失去活动能力，然后让它们与它们天生害怕的捕食者发生冲突，并在很长一段时间内造成长期的社会不稳定（Corley et al., 2012）。该过程导致焦虑增加，认知受损，心血管反应性和惊恐反应，以及大鼠对育亨宾（一种有毒的生物碱，Yohinbine）的过度反应就像是患有 PTSD 的患者一样。表观遗传 DNA 修饰改变在焦虑症中（如 PTSD）发挥着一种基础的作用，这个观点已经存在一段时间了，长期创伤记忆表达被认为在这一过程中很重要。有研究者已经发现脑源性神经营养因子基因在接受 PPS 范式的大鼠的海马体中被选择性甲基化，这支持了创伤性应激引起（表观遗传）认知和压力调节脑区变化的理论，PPS 模型还可以被用于预测对新药的反应性（Zoladz et al., 2013）。

2.3.2 捕食者气味压力

捕食者气味压力（Predator scent stress，PSS）是一种模型，适合重现人类在应对创伤时所表现出的变异，通过使动物与其中一种天生捕食者的气味对抗来诱导压力源。它比前面提到的 PPS 更实用，因为它不需要实际的捕食者暴露，只需要满足功能提示即可。例如，可以使大鼠与使用过的猫砂接触 10 分钟，对照组仅暴露于干净的猫砂（Cohen, 2007）。就像人类易受永久性心理创伤影响一样，PSS模型中的大鼠可以按照灵敏度等级进行分组。使用高架十字迷宫、听觉惊吓和冷冻来确定只有25%的受试动物发生类似PTSD的行为变化，25%的受试者最低限度地响应，50%受到中度反应（Cohen，2004）。使用PSS模型发现在PTSD患者中也观察到基因型依赖性。经过PSS后的大鼠杏仁核和海马体的细胞构筑的改变也被证实为行为紊乱。

3．讨论

精神疾病的动物模型提供了支持临床研究的补充研究方式。为了达到令人满意的有效性和可靠性，复杂的精神疾病的动物模型必须满足某些标准。例如，行为反应必须是可观察和可测量的，必须可靠地反映临床症状学，以及已知影响人类受试者症状的药理学试剂应当以相同的功效校正模拟该病症症状的可测量参数。开发PTSD的动物模型难度不小。对病患的诊断很大程度上是基于对大鼠的研究，但是人的思维、梦想和脑中呈现的图像都无法从大鼠身上找到根据。PTSD的一些典型症状可能是人类独有的，因此在大鼠中不存在。例如，将人类创伤后应激障碍的核心症状之———创伤性事件的侵入性记忆转化为动物行为模型在理论上并不能实现。同样，人类创伤的一个重要因素是人们能够认识到危及生命的潜在危险情况，而在目前尚不清楚大鼠是否可以对危及生命的潜在危险做出判断，或者哪种在人类身上的压力因素对大鼠身上能够有效地体现。此外，目前，治疗PTSD还没有明确有效的药物治疗方法。因此，难以测试潜在的啮齿动物模型与PTSD或其他创伤性应激相关疾病相关的药理学可预测性。然而，使用动物研究创伤后应激障碍具有以下几个优点 (Annie et al., 2014)。首先，与许多其他精神障碍不同，创伤后应激障碍的诊断标准指明了病因，这是一种危及生命的创伤性事件。在创伤后应激障碍的模型中，可以仔细控制诸如应激源的质量和强度以及暴露程度等变量，并且可以研究对（有效）威胁刺激的行为和伴随的生理反应。其次，对于患者在患有PTSD前发生了什么（即患PTSD的前因）知之甚少，因为，迄今为止的研究集中于对创伤后应激障碍发作后患者的回顾性评估。动物模型能够进行前瞻性随访设计，其中在特定时间以统一的方式在可控和统计上合理的群体样本中触发病症，并且能够评估行为和总体生理参数 (Borghans et al., 2015)。此外，与人类被试的研究不同，动物模型研究能够评估解剖脑区域中伴随的生物分子变化，以及具有潜在治疗效果的药物试验的实验。

四、创伤后应激障碍认知受损的神经机制

关于PTSD认知受损的神经机制，很多文献和研究都有提到杏仁核、海马体、前额叶、HPA等 (Block et al., 2016；Lauren et al., 2016; Helpman et al., 2016; Linda et al., 2014; Michopoulos et al., 2016)。PTSD 杏仁核活性增强，导致过度的恐惧应答反应；而前额叶内测皮质的活性下降，导致其不能抑制杏仁体的功能，同时也可能与 PTSD 恐惧记忆消退受损有关，海马体功能的异常导致 PTSD 患者陈述性记忆损害以及识别环境安全性的能力缺陷。患有 PTSD 不仅会导致人的脑部结构与功能的变异、神经系统内分泌系统失调及生理心理异常，而且根据个体的不同体质也可能导致部分个体容易患上 PTSD。例如，儿童时期遭受性侵的严重程度与杏仁核的大小呈负相关（胡婷、刘志伟，2017）。接下来，我们从杏仁核、海马体、前额叶、HPA、脑源性神经营养因子以及闭环异静态神经技术这几个方面进行阐述。

1．杏仁核

长久以来，人们都知道杏仁核在情绪中起着重要的作用，并且已经很好地证明，它对于获得对恐惧诱发刺激的条件反应很重要（Ledoux，1998）。并且，杏仁核在情绪记忆中的作用也得到了探讨（Babinsky et al., 1993; Cahill & Mc Gaugh, 1998; Mc Gaugh, Cahill & Roozendaal, 1996）。

关于创伤后应激障碍，集中研究杏仁核在再体验症状中的作用。由于其可能与创伤后应激障碍的再体验现象有关，所以大多数功能成像研究都采用症状激发模式，即创伤后应激障碍患者在扫描过程中会受到与其创伤相关的听觉或视觉刺激，从而引发回闪。使用正电子发射断层扫描（PET；Shin et al., 1997, 1999）研究这些患者局部脑血流的研究发现，当受试者回忆或想象与创伤相关的图像时，杏仁核区域的活动增加。使用单光子发射计算机进行断层扫描，利伯逊等人（Liberzon et al., 1999）在有战斗声音的退伍军人身上发现了类似的结果。

但是，也有研究发现杏仁核区域活动的增加不一定就能够说明患者患有创伤后应激障碍。劳赫等人的一项研究（Rauch et al., 2000）使用功能性磁共振成像发现，杏仁核对一般阴性刺激的过度反应与相关个体的特定创伤无关。这项研究很重要，因为它提供的证据表明，在患有创伤后应激障碍的个体中，杏仁核活动的增加可能发生在一般的情绪刺激中，而不仅仅是与个体自身创伤经历相关的刺激。研究发现，患有创伤后应激障碍的个体对激发刺激的杏仁核反应过度，与他们自身的创伤经历无关（Rauch et al., 2000）。所以，这就增加了患有创伤后应激障碍的个体会经历一些罕见患者经历的记忆相关困难的可能性。

许多研究表明，杏仁核受损的患者在涉及情绪激发刺激的记忆任务中受到损害，而他们在涉及情绪中性刺激任务中的表现是正常的（Adolphs et al., 1997; Babinsky et al., 1993; Cahill et al., 1995; Markowitsch et al., 1994; Phelps et al., 1998）。与这些研究发现一致，卡希尔等人（Cahill et al., 1996）证明了杏仁核在健康参与者情绪记忆中的作用。研究人员使用 PET 来研究杏仁核的活动，参与者则观看激发情感的视频片段和情绪中性视频片段。结果表明，在编码时，右侧杏仁核的活动与三周以上的长期记忆密切相关，并且是关于情绪激动电影的记忆，而不是情绪中性的电影。麦克高夫（Mc Gaugh, 1996; Mc Gaugh, Roozendaal & Cahill, 2000）假设杏仁核在将情感材料巩固在长时记忆方面发挥着特殊的作用。他们假设增强对情感材料的记忆是神经激素对杏仁核功能影响的结果，杏仁核功能反过来调节发生在其他大脑结构中的记忆巩固过程，包括与之有很强解剖联系的海马体。

但是对 PTSD 患者的功能成像研究发现，虽然 PTSD 患者的杏仁核活动增加，可目前尚不清楚，在 PTSD 患者群体中，对一般情感材料的记忆会做出什么样的预测。杏仁核结构受损的患者，他们的情感材料记忆也会受损，但 PTSD 患者对情感材料的记忆似乎可能是增强的。因此，一些研究人员研究了 PTSD 患者对情感材料的记忆，而正是对这种材料的记忆，在杏仁核结构受损的人身上被发现是不正常的。并且，所有的研究都一致发现，PTSD 患者对与创伤相关材料的记忆比对中性、积极或其他消极材料的记忆更好 (而且这些材料通常是正常的)(Moradi, Taghavi et al., 2000; Vrana, Roodman & Beckham, 1995; Zeitlin & Mc Nally, 1991)。

有人认为，过度兴奋是创伤后应激障碍的一个重要但经常被忽视的方面。过度兴奋和再次出现/入侵症状之间的联系：杏仁核反应的增强，导致核心情感与内部表征（与先前经验的重新激活相关）与更全面的表现相关联的情况。

2. 海马体

海马体位于脑颞叶内，是大脑边缘系统的一部分，负责日常生活中的学习和记忆，涉及条件恐惧加工和陈述性记忆对外界的编码过程。最初，人们对海马体及其与创伤后应激障碍记忆功能的关系产生了兴趣，这主要是由于动物研究的结果显示，长期暴露在压力下会导致海马体结构受损（Bremner，2001；Ledoux，1998）。长期以来，人们都知道海马体对于正常的记忆功能起着至关重要的作用，临床观察到 PTSD 患者经常出现记忆障碍，这吸引了学者对该人群的海马体容量进行研究。第一项研究发表于 1995 年（Bremner et al., 1995），此后又发表了几项进一步的研究（Jelicic & Merckelbach，2004）。

吉尔伯特森（Gilbertson，2002）等人报告了最近关于创伤后应激障碍引起海马体损伤的最重要的论文。他们研究了一对单卵双胞胎的海马体体积。这对双胞胎中有一个是越战老兵，而另一个没有经历战争。结果显示，与从未患过 PTSD 的双胞胎相比，患有慢性 PTSD 的双胞胎的海马体体积更小。然而，至关重

第二章 创伤后应激障碍与认知的理论基础

要的是,他们还发现,患有慢性 PTSD 的双胞胎兄弟,在海马体体积上,未经历战争和经历战争的没有显著差异,而且明显小于非 PTSD 的双胞胎。未经历战争和经历战争的双胞胎的海马体体积与经历战争的双胞胎的症状严重程度相关。因此,这项研究提供了令人信服的证据,即较小的海马体体积是慢性创伤后应激障碍的危险因素。与此得出一致结论的研究表明,当机体受到条件性恐惧刺激时,神经元对信号的不恰当处理会引起海马体结构改变。海马体体积变小(Linda, 2014),可能与 PTSD 患者的陈述性记忆的缺乏有关,是 PTSD 发生的重要危险因素。有研究发现,PTSD 患者海马体在症状激发想象任务、情绪任务甚至是静息状态下的活性下降;但与此相反,也有一些研究发现 PTSD 患者的海马体活性增高,见于各种任务状态下甚至是静息状态。但在后续的研究报告中,除了那些可能由注意力缺陷引起的缺陷外,很少有证据表明创伤后应激障碍患者的情景记忆受损。即使海马体体积减少已被报道,也很难证明体积减少与情景记忆受损之间有任何有意义的关系。最近的证据表明,这些体积减少很可能是一个危险因素,而不是创伤后应激障碍的后果,为这种困难提供了一些解释。

林达等人(Linda et al., 2014)又进行了进一步的研究,PTSD 患者的海马体体积相对减小,可能是由海马神经元的凋亡引起。细胞凋亡存在三条主要通路:线粒体通路、内质网通路和死亡受体信号通路,各通路间互相联系,共同调节细胞凋亡,通过对这三条通路的研究证实了海马细胞凋亡的钙通路与 PTSD 发生机制的相关性。钙离子及钙调控紊乱作为一种重要的通路引起海马体细胞凋亡,进一步引起海马体体积减小,造成 PTSD 患者海马体的学习记忆相关功能障碍。

PTSD 的发生与直接的创伤经历密不可分。创伤记忆中,海马体多与长时记忆有关,杏仁核多与情绪记忆的加工和控制有关。目前研究看来,海马体、杏仁核等体积变小,是 PTSD 发生的重要危险因素。PTSD 患者的杏仁核会对与恐惧相关的刺激产生高度亢奋的应答,作为恐惧电路中的关键结构,杏仁核对进入的刺激具有高反应性。而海马体处理的缺陷则会导致无法将反应置于语境中,即出现了自传体记忆提取困难(Suvak & Barrett, 2011)。

3. 前额叶

腹侧前额叶 [prefrontal cortex, PFC, 包括腹侧前扣带回 (rostral anterior cingulate cortex, rACC) 和腹内侧前额叶 (ventral medical frontal gyrus, vmPFC)] 调控行为、思想和情感,为灵活回应提供全面监管,具有目标导向性,包括抑制冲动、调节注意力,同时可以深入了解有关自己和他人的行为。在灵长类动物中,前额叶具有复杂的相互连接,勇于调控大脑其他部位的抑制或激活,如抑制杏仁核的恐惧反应,特别是 PTSD 相关的一系列症状。病变的前额叶不仅会引起注意力不集中、无法控制自己的冲动和鲁莽行为，而且会抑制排除认知干扰的能力，如抑制不恰当的记忆。

研究创伤后应激障碍患者额叶功能的最初动机主要来自临床印象。认知功能测试普遍支持这一印象，功能成像研究显示，患有创伤后应激障碍的人额叶有一些异常。在额叶各区域包括眶额皮质（Rauch et al., 1996; Shin et al., 1999）、前扣带回皮质（Bremner et al., 1999; Lanius et al., 2001; Liberzon et al., 1999; Rauch et al., 1996; Shin et al., 1997, 1999）、内侧前额皮质（Bremner et al., 1999; Lanius et al., 2001）和背外侧前额叶皮质（Osuch et al., 2001），都有异常报告。

额叶功能障碍与许多认知缺陷有关，包括注意力、工作记忆、计划和组织、反应的坚持、解决问题、行为障碍和记忆。然而，所有这些功能都可以理解为涉及执行系统的功能（Mayes, 1988）。注意力和工作记忆过程的中断以及额叶功能障碍扰乱认知过程的战略组织，都可能对记忆产生影响。因此，信息要么不被编码到内存中，要么以一种无意义的方式编码，使内容容易受到干扰。因此，预计额叶功能的混乱将在很大程度上影响依赖这些策略的记忆任务的性能。利用这些能力的任务将包括与项目识别测试相比的自由回忆测试，以及对干扰敏感度增加可能干扰性能的任务（Mayes, 1988）。

前额皮质与PTSD的关系密切，前额皮质是控制杏仁核和海马体应激和恐惧相关反应的高级结构，前额皮质的外伤性损伤可导致患者出现情绪和社会性行为异常，出现无法消退的恐惧性条件反射。情绪异常进而导致个体的注意认知功能障碍，关于前额皮质与PTSD的研究表明，前额皮质的活性与PTSD的症状严重性成反比，即前额皮质被激活程度低，则PTSD症状严重（Jing-na Zhang；Kun-lining Xiong，2013）。前额皮质对于提示恐惧至关重要，海马体是情境恐惧的核心，前额皮层则是提示恐惧的关键。泛化被定义为在创伤性事件期间经历的恐惧转移到类似于"令人痛苦的事件"模式。恐惧条件反射和泛化可能共享一个共同的神经回路，其中海马体参与信息的表现，而前额叶皮层由于其收到的丰富预测而负责表示提示信息（Lopresto，Schipper & Homberg，2015）。

前额皮质在PTSD患者一般表现为活性降低（Lauren et al.，2016；Helpman et al.，2016）。尽管有大量研究认为PTSD内侧前额叶皮质激活相对降低，但也有少数研究结果与此相反，发现其活性增强，或者同时出现活性增强和降低。对此，有学者解释：（1）内侧前额叶皮质激活增强主要见于伴有分离症状的PTSD患者；（2）患者前额叶活性下降这一生物模型只适用于有意识的恐惧处理机制，而不适用于潜意识的恐惧处理过程。

一些创伤后应激障碍情景记忆的研究将其归因于额叶功能障

碍。这些研究往往发现，在加州语言学习测试 (CVLT) 和雷听觉语言学习测试 (RAVLT) 等测试中，患 PTSD 的学生的表现存在缺陷。这些研究结论可能对研究与执行相关的记忆缺陷特别有用，因为它们提供了在五次试验中学习一个单词列表的方法，以及在第二个单词列表中的表现，后者允许研究干扰效应，而对干扰效应的易感性与额叶功能障碍有关。CVLT 还包含了语义聚类和串行顺序聚类的度量，这些度量可以让我们深入了解编码过程的效率。此外，与自由回忆相比，受提示的回忆和识别组件允许在较少依赖于组织和检索策略的测试上比较性能。这使得研究自由回忆能力受损可能伴随着相对较少的线索记忆和识别能力受损的可能性成为可能，这种表现模式与额叶功能障碍有关。

非自愿记忆是 PTSD 的标志性症状，非自愿的情节记忆是对过去事件的明确记忆，这虽然可以由记忆者描述，但并没有通过记忆检索尝试，非自愿记忆检索没有引起额叶皮质的活动（Hall，Brodar & LaBar，2018）。

斯塔斯（Stuss，Eskes & Foster，1994）认为，额叶损伤患者在指导记忆搜索和检索相关信息所需的计划和组织能力方面受到损害，并且当自由回忆的材料已经组织好时，这种能力可能并不那么重要。因此，额叶功能受损的患者在回忆语义上有组织的材料时，可能比回忆结构不明显的语义上无关的材料时受损更少。因此，上述测试中报告的性能模式可以反映额叶功能障碍对

PTSD 性能的影响。

4．HPA

下丘脑—垂体—肾上腺轴（HPA）组成神经内分泌系统，主要调节外界应激引起的机体反应。下丘脑—垂体—肾上腺轴和交感神经系统的改变均存在于 PTSD 中（Michopoulos et al.，2016），促肾上腺皮质激素释放激素（corticotropin releasing factor，CRF）是调节哺乳动物应激行为所致内分泌和行为反应最重要的神经调质之一。PTSD 与对急性应激源的皮质醇反应降低有关（Michopoulos et al.，2016），在低水平皮质醇情况下，交感神经活动可以促进学习能力，若这一过程发生于 PTSD 患者，则对创伤性事件的学习记忆增强，并伴有强烈的主观痛苦感。这种痛苦可改变人的心理活动，尤其是对与危险相关的感觉以及处理威胁的能力，使情绪恢复延缓而反应增强，并可通过影响机体创伤经历的能力，最终导致 PTSD。

5．脑源性神经营养因子

脑源性神经营养因子（Brain-derivecl neurotrophic factor，BDNF）调节神经元的存活、生长分化和突触的形成，被认为与抑郁症和 PTSD 有关。然而，这些精神障碍的分子机制仍然未知。研究表明，在伊拉克和阿富汗战争期间服役的美国军人中，

BDNF 与 PTSD 风险和夸张的惊吓反应 (PTSD 的主要唤起表现) 有关。BDNF 基因中 Met/Met（Met 是 methionine 的缩写，指的是蛋氨酸）的频率在 PTSD 患者中高于非 PTSD 患者。在一生中经历较少压力事件的个体中，Met 携带者在 PTSD 检查表上的总分和惊吓分数显著高于 Val/Val（Val 是 valine 的缩写，指的是缬氨酸）携带者。此外，PTSD 患者的外周血中 BDNF 水平高于非 PTSD 控制组。通过对大鼠尾部无法逃避的电击，观察到大鼠血浆和海马区 BDNF 水平的升高和惊吓反应的增加（Lei Zhang et al.，2016）。

在动物模型中发现，与非应激对照组相比，应激大鼠血浆和海马区 BDNF 蛋白过度表达。这些数据与其他研究结果一致，表明应激导致 BDNF 在海马区过度表达，导致 BDNF 相关的代偿机制假说，BDNF 的血水平反映创伤应激诱导的海马体水平。由于对大鼠尾部不可逃避的电击在血液和海马体上都引起脑源性神经营养因子的向上调节 (up-regulation)，说明了惊吓反应的增多。众所周知，听觉挑战会引发一系列的生理反应，包括惊吓。惊跳反应 (也称惊跳反应、惊吓反射或警觉反应) 是对突然出现的意想不到的刺激的心理和生理反应，如一道闪光、一声巨响 (听觉惊跳反射) 或在脸附近的快速移动。惊跳反应的异常是由自主神经系统的高度激活引起的，是 PTSD 高觉醒的一个核心症状。这些动物模型研究的数据表明，BDNF 和应激在惊吓反应中都发挥着重要作用,但其机制还需要进一步分析(Lei Zhang et al.,2016)。

大量研究表明 BDNF 和创伤后应激障碍之间的相关。Met/Met 在 PTSD 患者中出现的频率高于非 PTSD 对照组。此外,这个单核苷酸多态性(SNP)与夸张的惊吓有关,但与检测表(PCL)上的其他项目无关。在一生经历较少压力事件的个体中,Met 携带者的 PCL 总分和惊吓分数显著高于 Val/Val 携带者。在蛋白质水平上,PTSD 患者的外周血中 BDNF 水平高于非 PTSD 对照组。在啮齿动物模型中,与人类实验数据相补充的是,通过不可避免的尾部电击,血浆和大脑海马区 BDNF 蛋白水平升高,并伴有明显的惊吓反应升高。因此,蛋白 BNDF 在血液和惊吓试验中,除了基因型外,神经影像学也可以作为生物标志物,指导更个性化的 PTSD 治疗。未来对患者群体的研究将阐明这些生物标志物,特别是 BDNF 对 PTSD 是否在临床环境中有用(Lei Zhang et al.,2016)。

6. 闭环应变稳态神经技术(closed-loop allostatic neurotechnology)

应变稳态(allostasis)是基于稳态(homestasis)的新兴生态学概念,它强调机体能在外界变化的环境中维持内环境稳定。

更好地理解和治疗 PTSD 就要求有一个研究范式,既能理解

第二章 创伤后应激障碍与认知的理论基础

其复杂性，又要拥有对 PTSD 所带来的巨大的痛苦负担有效的解决办法。传统上，PTSD 被当作行为障碍来归类和治疗，随之而来的是，某个创伤性事件及其关于创伤再经历、回避和泛化的麻木、负性认知和情绪、高唤醒等主要症状群。然而，患有 PTSD 的军队服务人员为社会心理风险增加所困扰，包括角色功能受损、物质滥用、自杀倾向等，研究还表明心血管和代谢疾病风险以及总死亡率的增加。因此，对于创伤压力症候群的照料应该将注意力放到行为和身体健康状态两方面。此外，尽管基于对创伤再暴露的治疗被指出是循证治疗，人们担心与此方法相关的高失败率以及对睡眠障碍没有效果。此外，尽管美国越战退伍老兵不可否认的痛苦，促进了将 PTSD 作为精神疾病诊断和统计手册 (Diagnostic and Statistical Manual of Mental Disorders，DSM) 中的一种临床症状的认识，但人们仍然担心用医疗的方法处理与战争相关的压力会导致与污名化相关的无益的后果。

为了促进 PTSD 或创伤后压力（post-traumatic stress, PTS）的建模，一种有希望的出发点可能是将大脑看作中央指挥部的器官。应变稳态（通过变化达到平衡）的生理学模式指出，在知觉到对于有机体水平生存需要的基础上，大脑指导生物学功能的设定点。换句话说，是大脑让环境压力"渗入肌肤"。在应变稳态模式内，自主神经系统的交感神经和副交感神经的分支作为大脑和外周生理学之间的双向沟通与协调的主要通道而起作用。例如，在严重威胁的情况下，大脑精心安排这些神经系统分支来影响代谢资源的瞬时重定向，从消化的合成代谢过程转向动员的分解代谢过程。因此，应变稳态完全预示着随着时间的推移，暴露在创伤性压力下有可能牵涉到行为和身体健康障碍。对于治疗来说，稳态应变指出了通过特别设计来易化大脑作为中央指挥机关作用的干预具有减少多系统症状的潜力。此外，通过强调与情境相关的高压力反应性，应变稳态范式支持对创伤后压力相关现象学的去污名化。没有单一的正常脑功能模式，相反，基于神经可塑性的设定点的范围可以修改。例如，特定能力的功能设定值——警觉性，可能是适应的也可能是不适应的，这依赖于环境（Tegeler et al.,2017）。

考虑到其对于联结大脑、身体和行为的关键和分布式作用，自主神经系统在应变稳态范式中应得到更多特别注意。心血管系统的自主调节可以通过测量心率（heart rate variability，HRV）和压力反射敏感性（baroreflex sensitivity, BRS）来描述其特征。测量心率和压力反射敏感性表明对环境不断变化的需要做出动态变化反应的生理能力，以及前瞻性研究表明降低的测量心率是心血管疾病和全因死亡的一个风险因素。此外，低于正常水平的测量心率常见于各种行为症状，特别是在被诊断为 PTSD 的部队人员以及越战老兵中。

在创伤后压力和自动化失调研究中的一个开放性问题在于，

在那些暴露于创伤压力的个体中测量心率如何以及为什么低于正常水平。双半球自主神经模型（bihemispheric autonomic model，BHAM）提供了表观遗传和神经振荡解释（Lee et al.,2014）。双半球自主神经模型首先认识到在自主神经系统的管理中存在大脑半球偏侧化，左右两侧大脑半球分别对交感神经和副交感神经的分工负有主要责任。双半球自主神经模型提出，创伤相关的交感神经高唤起（兴奋）可能是右颞叶活动失调的表现，而创伤压力反应的回避和解离症状特征可能是一种由左颞叶显著驱动的副交感神经"冻结"反应指标。双半球自主神经模型的意义在于，一种成功的应变稳态（基于大脑的自上而下）干预可能通过减轻适应不良的不对称性，有助于减少与自主神经紊乱相关的症状群（Tegeler et al.,2017）。

7．总结

综上所述，我们可以知道 PTSD 会导致患者认知受损，其某些神经机制会出现异常。现今对于 PTSD 的治疗主要有药物治疗与心理治疗，只有两种 PTSD 药物得到了美国食品和药物管理局的批准，有报道称，缺乏对新药开发的研究是一场危机，目前迫切需要对创伤后应激障碍的新药物治疗方法进行测试（Abdallah et al.,2019）。而对于认知行为治疗，未来的研究应该尝试更好地与 AC 匹配治疗和假性治疗（Kozel et al., 2018）。并且，目前有许多PTSD的研究都借助、结合神经影像学研究观察PTSD患者治疗前后的杏仁核、海马体等的变化，推动了PTSD研究的进一步发展。然而，事实上对于PTSD的神经机制仍有许多不确定的地方，如关于PTSD海马体的活性增高或下降还未有一个相对统一的结论，分歧较大。对PTSD神经机制有更进一步的了解将有巨大的深远意义。

五、创伤后应激障碍性别差异及相关研究

1. PTSD的性别差异表现

PTSD在男性与女性之间有明显的性别差异，其最主要体现在PTSD的患病率上，女性PTSD患病率明显比男性的高。性别在PTSD患病率上的差异与创伤性事件有着紧密的联系，在不同的创伤性事件上，男性、女性的PTSD患病率有所不同。在PTSD患者中，女性患者会比男性患者有更加强烈的症状表现，但是在总体的症状类型上并没有明显的性别差异。

1.1 创伤性事件

创伤的发生是有多种形式的，主要的创伤性事件类型可以分为灾难和事故、损失、慢性病、非恶性疾病、暴力和犯罪

等 (Farhood, Fares & Hamady, 2018)。不同的创伤性事件会对男性、女性 PTSD 的患病率有着不同的影响。调查研究显示，在男性、女性所经历的创伤性事件类型中出现了一致的性别差异 (Kimerling, Allen & Duncan, 2018)。

凯斯靳等人 (Kessler et al., 1995) 认为，女性比男性更容易被暴露在与 PTSD 高度相关的创伤性事件中，而这类创伤性事件更容易引发 PTSD(Kessler, Sonnega, Bromet, Hughes & Nelson, 1995)。世界范围内的 DSM-IV 数据表明，经历过任何类型创伤性事件的个人中，约有 4% 会因此患上 PTSD，但是事件的比例是不同的。强奸是 PTSD 的最大风险，有 17.4% 的人会因此患上 PTSD(Kimerling et al., 2018)。男性、女性最常报告的创伤性事件是亲人的突然意外死亡，但男性第二大最常报告的创伤性事件是危及生命的疾病或受伤，女性第二大最常报告的创伤性事件是性侵犯 (van den Berg, Tollenaar, Spinhoven, Penninx & Elzinga, 2017)。女性报告的直接威胁生命或私人事件的创伤指数往往比男性高，而且她们比男性更容易出现 PTSD 症状 (van der Meer et al., 2017)。在有战争的国家中，男性更有可能遇到与战争有关的事件，例如意外伤害、严重疾病、身体攻击/抢劫、恐怖袭击、目睹受伤。与男性相比，女性更多对于涉及某种暴力类型的战斗经历感到痛苦，例如经历各种形式的童年虐待、性侵犯/强奸、家庭暴力、绑架和跟踪、目睹或从事残忍行为、在较小程度上处理尸体等

(Hourani, Williams, Bray & Kandel, 2015; Kimerling et al., 2018)。

一般情况下，男性、女性在创伤性事件类型上呈现出明显的差异，但这并不是绝对的。社会支持、社会生活事件、目击创伤、家庭暴力、传统性别角色和 PTSD 显著相关 (Farhood et al., 2018; Pineles, Hall & Rasmusson, 2017)。在黎巴嫩南部战争的调查研究中，创伤类型分为灾难和事故、损失、慢性病、非恶性疾病和暴力，男性、女性受到的创伤类型并没有显著差异 (Farhood et al., 2018)。

1.2 患病率

大量研究发现，在经历创伤性事件后，男性、女性在 PTSD 的患病率上存在着显著的差异，女性相对于男性会受到更强烈的心理创伤，患有 PTSD 的概率远远大于男性，大约是男性的两倍甚至更多 (Farhood et al., 2018; van den Berg et al., 2017)。福阿（Foa，2001）研究发现，尽管男性暴露于创伤性事件的几率大于女性，但女性与男性相比，在经历创伤性事件后女性会比男性受到更加强烈的心理创伤，而且患有 PTSD 的概率远远大于男性 (Foa & Street, 2001)。虽然 PTSD 的患病率在女性中明显较高，但是女性在治疗反应方面表现出适度优势 (Kimerling et al., 2018)。

美国学者在 DSM-V 的标准下对女性 PTSD 的患病率估计为 6.1%，男性为 3.2%。女性和男性患 PTSD 的风险比例为 2:1，这与女性一生中患 PTSD 的风险估计相似 (Kimerling et al.,

2018)。在对 2006 年战争后来自黎巴嫩南部的 991 个 PTSD 患者的调查研究中，发现女性的患病率（24.3%）也明显高于男性的（10.4%）(Farhood et al., 2018)。在不同背景或环境下，女性的 PTSD 患病率均高于男性，即使没有任何研究结果表示女性的心理一定会比男性脆弱，但女性确实比男性更容易导致创伤的效应。

默里（Murray）等人发现，即使在没有遭受过性创伤的人群中，女性在遭受其他形式的严重创伤（如攻击性暴力）后，PTSD 的发病率也会比男性高出数倍。但并没有发现女性可能比男性更容易遭受相同类型的创伤（如多次身体攻击）。这种影响并没有扩展到其他形式的或专门针对受害者的创伤（即非攻击性创伤）(Stein, Walker & Forde, 2000)。

1.3 症状表现

患有 PTSD 的女性表现出来的症状往往要比男性更加严重。PTSD 症状群一般包括重新体验、回避、消极认知和情绪、惊醒 (Farhood et al., 2018)。在一项对美国现役军人的调查中发现，女性在重新体验、逃避、情感麻木和过度兴奋四个因素上的得分明显比男性高 (Hourani et al., 2015)。在对斯里兰卡青少年的研究中也发现，与男孩相比，女孩更有可能在重新体验和过度兴奋的症状中表现出更高的皮质醇水平 (Nicolson & Ponnamperuma, 2019)，症状表现会更加强烈。此外，靳宇倡等人在对 2008 年汶川地震一年后的 PTSD 患者的研究调查结果中显示，与男性相比，女性的创伤后精神紧张症症状更为常见。在 PTSD 症状的总分中，女性的得分明显高于男性 (Jin, Xu & Liu,2014)。不同的是，在遭受攻击性暴力的 PTSD 患者中，女性更容易出现麻木和回避状态，而男性更容易出现易怒和冲动 (Hourani et al., 2015)。

在预测非致命性自残时，酒精滥用和依赖、药物滥用和依赖以及 PTSD 之间的性别特异性相互作用，在女性患者中强于男性患者。在退伍军人健康管理局 (Veterans Health Administration, VHA) 的退伍军人中进行的流行病学研究表明，药物滥用诊断和 PTSD 是自杀死亡的危险因素 (Gradus et al., 2017)。PTSD 患者的自杀企图风险是无 PTSD 患者的 1.29 倍，在接受过药物滥用和战争相关 PTSD 住院治疗的一小部分中年无家可归的退伍军人样本中，男性退伍军人的自杀企图与之相关，而女性退伍军人的则与之无关。此外，格拉德斯等人（Gradus et al., 2017）对非致命性故意自残的相关研究发现，女性在非致命性故意自残方面，药物滥用诊断与 PTSD 之间的相互作用强于男性，这与自杀行为的性别差异一致 (Gradus et al., 2017)。

虽然患有 PTSD 的女性往往会比男性表现出更严重的症状，但是有研究发现症状的表现形式几乎没有性别相关差异的证据，也没有明显的性别相关偏差证据，男女性在 PTSD 的症状表现的潜在结构是一致的 (Gamwell et al., 2015; Kimerling et al., 2018)。也就是说，PTSD 症状实际上并没有明显的性别差异，即使存在着差异，也是相对较少的，不会显著影响到患病率(Kimerling et al., 2018)。

2．PTSD性别差异的影响因素

导致PTSD男女性别差异的因素有很多。在不同国家和文化背景下，男女性患PTSD的风险会有所不同。PTSD的性别差异在儿童时期是很明显的，在青春期和成年时期也明显存在着，但是在老年时期就会相对下降(Kimerling et al., 2018)。同时，男性、女性存在着不同的身体结构以及认知结构也是导致PTSD性别差异的因素。

2.1 生理因素

虽然创伤类型可能是造成PTSD的男女两性患病率差异的重要因素，但不可忽略的是，生物因素也是一个重要影响因素之一，性别对PTSD的影响可能有生物学基础。

杏仁核能对人的消极情绪进行反应。有研究发现女性的杏仁核激活程度高于男性，因而女性对于消极情绪的反应高于男性(Stevens & Hamann, 2012)，所以这也可能是导致女性患有PTSD的比率比男性高的原因之一。赫林加等人（Herringa et al., 2013）研究了童年虐待对青春期后期的影响，发现性别是内化症状的重要预测因素，女性的内化症状比男性更高。女孩低静止状态功能时的杏仁核和前扣带回皮层主导了童年创伤和症状之间的联系，而在男孩中，这种联系与海马体有关而不是与杏仁核有关 (Herringa et al., 2013)。

2.1.1 雌激素对性别差异的影响

要考虑的一个潜在的生物学变量是激素状态，因为月经周期的阶段与女性 PTSD 患者的症状恶化有关（Nillni et al.,2015）。此外，与恐惧表达和调节有关的神经回路以及与 PTSD 相关的生理性恐惧反应受女性性别和月经周期的影响（Glover et al.,2015）。对于提供预防和早期干预策略更为重要的是，女性甚至在很小的时候也可能存在发育性的依赖于性别的生物脆弱性，从而增加患 PTSD 的风险。对儿童发育的研究有可能揭示成人创伤相关精神病理学中产生显著性别差异的机制。

事实上，在青春期，尽管男女两性的杏仁核和海马体的体积在增加，但男性和女性在这些区域的生长轨迹有所不同。一项研究发现，青春期男女两性的睾丸激素和雌激素可以预测右杏仁核的生长，而海马体生长与青春期发育无关（Goddings et al., 2014）。研究结果还指出雌二醇水平与性别的相互作用，因为雌二醇水平较低的女性杏仁核体积减小，而雌二醇水平较高的女性则在整个青春期右侧杏仁核体积增加 (Herting et al., 2014)。以上研究表明，青春期雌激素的增加可能影响 PTSD 的表型。由于 PTSD 在女性中的患病率高于男性，一些文献集中在成年雌二醇水平的影响上。最近的一项研究发现，处于月经周期高雌激素期的女性比处于低雌激素周期的女性和男性的大脑恐惧处理区域更活跃（Hwang et al., 2015）。也有研究表明，雌激素水平低的女性杏仁核和背侧 ACC 有更大的联系，这两个区域涉及情绪和恐惧的表达（Engman et al., 2016）。布里西翁（Briscione et al., 2017）等研究者还探讨了雌激素在恐惧心理生理学中的作用，特别是 PTSD 的中间表型，如恐惧抑制（fear inhibition）和恐惧消退（fear extinction）。恐惧抑制是指在安全信号存在的情况下抑制先前获得的恐惧反应能力。一项研究发现，在自然循环的成年女性中，较低的雌激素水平与恐惧抑制能力受损有关（Glover et al., 2013）。格洛弗等（Glover et al., 2012）在研究恐惧消退时也看到了类似的效果。恐惧消退描述了一种学习的能力，即在没有令人厌恶的无条件刺激的情况下，先前的条件危险信号反复出现后，不再预测厌恶的结果（Glover et al., 2012）。在这项研究中，低雌激素水平与 PTSD 女性恐惧消退期间的高恐惧增强惊吓（fear-potentiated startle）相关，高雌激素可减轻 PTSD 女性的消退缺陷。在检测皮肤电反映（skin conductance response，SCR）时也有类似的发现，因为低雌激素水平的女性在恐惧消退时会增加皮肤电反映（Wegerer et al., 2014）。此外，低水平的雌激素既可以预测消退记忆（extinction recall）的损伤，也可以通过 SCR 进行测量（White et al., 2014）。当研究压力和雌激素之间相互作用时，这种影响似乎可以表述为：在低雌激素阶段受到压力的女性会表现出消退记忆的受损。

根据现有的研究,高雌激素和低雌激素的保护作用似乎存在差异,因为高水平和低水平的雌激素都与PTSD的表型有关。这种差异的一个可能的解释是,女性在激素变化期间最容易出现PTSD症状,这可能解释了为什么青春期在PTSD表型中表现出性别差异的扩大。

性别对PTSD相关神经回路的影响范围可能是由于循环的性腺激素(如雌二醇和孕酮或其代谢物)的波动对行为的影响,以及在关键发育期产生的激素激增(如产前期和青春期)对大脑结构和/或基因差异产生持久的结构性影响(Bangasser & Valentino,2014)。研究表明,低雌二醇(estradiol)水平与女性PTSD患者的消退学习障碍有关,但在无PTSD的女性中没有影响(Glover et al.,2012)。此外,性腺激素和月经周期可能对健康女性和PTSD女性患者的消退学习记忆的保持产生不同的影响(Pineles et al.,2012)。当雌二醇在黄体中期达到最高水平时,没有PTSD的女性表现出最佳的消退保持能力。PTSD女性患者在黄体中期表现出明显的消退保持缺陷。

以上临床前动物模型向人类类推的理论及实验说明,人体发育等特殊时期的激素,尤其是男女性性激素分泌量、分泌类型与遗传机制、大脑发育差异,均对男女性PTSD患病率以及患病性状与其他症状的共病性差异造成影响。

第二章 创伤后应激障碍与认知的理论基础

长期以来，创伤经历与下丘脑—垂体—肾上腺（hypothalamic-pituitary-adrenal）轴的调节失调有关，特别是与 PTSD 有关 (Yehuda, 2002)。由于各种应激源的生理和心理需求不同，因此各种压力反应是针对特定应激源的，并涉及多个系统（Hostinar & Gunnar, 2013）。然而，下丘脑—垂体—肾上腺轴是核心压力系统之一，对许多压力源有反应。皮质醇受体是人类下丘脑—垂体—肾上腺轴的最终产物，存在于全身。因此，它对发育过程和身心健康的基础系统影响广泛。

下丘脑—垂体—肾上腺轴是在压力响应期间被激活的两个主要系统之一，通过负反馈回路作为一个自我调节系统运行。个体一旦感受到压力，下丘脑的神经元便分泌促肾上腺皮质激素释放激素（corticotrophin releasing hormone，CRH），它进入垂体前叶，刺激促肾上腺皮质激素（adrenocorticotropin hormone，ACTH）的释放。促肾上腺皮质激素随后通过血液流向肾上腺，在那里释放内源性类固醇激素皮质醇和脱氢表雄酮（dehydroepiandosterone，DHEA）。在产生足够数量的皮质醇以应对压力源后，皮质醇水平升高会通过负反馈作用于下丘脑、垂体和海马体的糖皮质激素受体，抑制促肾上腺皮质激素释放激素和促肾上腺皮质激素的释放 (Gunnar & Quevedo, 2007)。

尽管皮质醇的增加对于充分应对压力源是必要的，但持续升高的皮质醇水平可能产生有害影响 (Mc Ewen, 1998; Sapolsky,

1997)。也就是说，皮质醇升高可能导致静负荷（allostatic load），这可能阻碍身体产生神经生物学反应以抵御疾病的能力(McEwen, 2005)。此外，长期高水平的皮质醇会导致神经元萎缩，海马体和前额叶皮质的糖皮质激素受体下调，同时杏仁核的受体上调，这可能导致记忆力和精神健康状况不佳(Lupien et al., 2009)。研究表明，同时释放脱氢表雄酮可能能够缓冲皮质醇的有害影响（Morgan et al., 2004），如动物研究表明，脱氢表雄酮可以减少大鼠的神经萎缩和促进神经元再生(Maninger et al., 2009)。这一证据表明，每种激素的相对水平应该被考察与另一种激素的关系。事实上，在研究脱氢表雄酮的影响时，皮质醇经常以比率的形式被考虑到。在没有压力的情况下，皮质醇和脱氢表雄酮处于静息状态。这些激素的基础水平在很大程度上受基因和睡眠/觉醒周期的影响（Prom-Wormley et al., 2011），因此都遵循昼夜节律。

下丘脑—垂体—肾上腺轴的激活增加使青少年处于一个独特的激素环境中，这可能与行为和情绪问题的出现有关。简单地说，下丘脑—垂体—肾上腺调节失调可以表现为活动不足和多动，低皮质醇水平更常见于PTSD患者，而高水平的皮质醇则出现在患有PTSD的儿童中(Pervanidou, 2008)。从高活性到低活性的转变在一定程度上反映了创伤和皮质醇水平评估之间经过了更长的运行时间(Miller et al., 2007)。迄今为止，少量纵向研究的结果支持该观点，即创伤后下丘脑—垂体—肾上腺过度活跃会随着时间的推移而转变为低活性；在一项针对受虐待女孩的研究中发现，这种转变需要数年时间（Trickett et al., 2010 年），而暴露于地震中的女孩中，其皮质醇浓度在创伤后最初呈上升趋势，随后在数月内下降（Luo et al., 2012）。

男性和女性对创伤的下丘脑—垂体—肾上腺反应是否存在差异是一个重要的研究主题，因为性别差异在理论上有助于解释女性对 PTSD 的高易感性 (Olff et al., 2007)。一些理论解释了为什么下丘脑—垂体—肾上腺功能的性别差异及其与压力的关系可能在青春期的过渡期出现。例如，双轴研究强调了下丘脑—垂体—肾上腺轴在青春期发育过程中如何与下丘脑—肾上腺—性腺轴（hypothalamic-adrenal-gonadal，HPG）相互作用，基础皮质醇水平受雄激素脱氢表雄酮和睾酮（testosterone）的影响 (Marceau et al., 2015)。下丘脑—垂体—肾上腺轴和下丘脑—肾上腺—性腺轴之间的相互作用似乎受到性别和早期生活压力的调节，可能在精神病理学的发展中起作用 (Koss & Gunnar, 2018)。适应性校准模型（Adaptive Calibration Model）认为，男性和女性在青春期前后对环境压力的行为和生物反应存在差异，男性倾向于低反应，女性则倾向于高反应（Del Giudice et al., 2011）。虽然与青少年发展没有直接联系，但一些研究也提醒人们注意认知评估中可能存在的性别差异，尤其是对身体威胁事件的评估，与女性的下丘脑—垂体—肾上腺反应和 PTSD 的高风险有关 (Olff et al., 2007; Zoladz & Diamond, 2013)。负面评价与创伤后不良结局相关，因此可通过有效的 PTSD 干预进行改善（Dalgleish et al., 2005）。

2.2 社会因素

研究表明，情绪、认知、社会心理因素（如社会支持、应对、坚持传统性别角色）与 PTSD 的发病和维持风险增加相关。当性别被看作社会建构的时候，社会背景就会导致 PTSD 的性别相关风险，其中群体、社区、省份或国家的特征会影响个体的结果 (Pineles et al., 2017)。Kimerling 等人（2018）调查发现，与男性相比，某些社会环境因素对女性健康的影响可能更大 (Kimerling et al., 2018)。对女性来说，社会背景特征与死亡率的关系比个人特征更加密切，而个人特征对男性的社会背景影响相对于个人的人口和行为特征来说较小。社会背景效应与理解创伤暴露模式和 PTSD 中的性别差异有关。同样，女性和男性之间的 PTSD 患病率（DSM-IV）在国家间存在显著差异。世界流行病学数据表明，大多数创伤性事件并不是随机分布在人群中的，尽管与性别相关的创伤暴露模式得到了很好的记录，但这些性别差异在不同环境和人群中的一致性并没有得到很好的理解。

这些研究表明，PTSD 的风险不仅受到个体特征的影响，还会受到社会环境的影响。与男性相比，女性的创伤暴露可能更受社会环境的影响。在社会环境中，攻击、灭活脊髓灰质炎疫苗（IPV）、虐待儿童和性侵等创伤性事件在群体中分布与社会环境的特征有一定的关联。其次，性别角色的特异性影响以及社会和经济不平等可能与解释女性易受 PTSD 影响的某些方面特别相关（Kimerling et al., 2018）。

2.3 认知结构

情绪和认知因素的个体差异，如情绪调节差异、重复的消极思维和信息加工偏向，也与 PTSD 症状的严重程度和治疗反应结果有关。与男性相比，患有 PTSD 或暴露于创伤的女性对负面情绪会表现出更高的敏感性和更低的忍耐性。相比之下，患有 PTSD 的男性比患有 PTSD 的女性更容易产生冲动的情绪 (Pineles et al., 2017)。

导致男女两性 PTSD 的患病率产生显著差异的原因有可能是女性本身在现实生活中接触到了更多相同创伤类型事件的发生 (Stein et al., 2000)。当女性接触到相同创伤类型的事件时，就会联想到更多与之相关的其他事情，从而加深原本创伤性事件对她的影响。除此之外，在统计上显示，女性对创伤性事件的叙述比男性长，对创伤性事件的回忆比男性更加具体 (Bisson Desrochers et al., 2016)。女性比男性更容易出现 PTSD 的认知症状，包括自责和信念的消极改变。此外，女性在认知方式上的投入程度更高，这也可能是使她们更容易患上 PTSD 和其他精神病理学的原

因 (Pineles et al., 2017)。

例如，反复的消极思维，包括反刍（rumination）和反事实思维（即反复思考创伤性事件的其他结果）与 PTSD 的发展和维持有关（Mitchell et al., 2016）。然而，重复性消极思维、PTSD 和其他临床结构之间的关联也存在性别差异。在一项实验室模拟研究中，参与者被要求反复思考一次紧张的经历，结果显示男性比女性有更多的闯入性记忆（Zetsche，Ehring & Ehlers，2009）。在另一项研究中，PTSD 症状通过反刍的亚型沉思间接影响了女性的自杀意念，但男性没有（Polanco-Roman et al., 2016)，这些研究发现突出了性别与 PTSD 中重复性消极思维检查的相关性。还有研究将信息加工偏向（即倾向于以情绪一致或心境一致的方式处理信息）与 PTSD 联系起来，发现创伤后对威胁线索的注意偏向与 PTSD 的发生有前瞻性的相关 (Naim et al., 2014)。横向研究已经将注意偏向与 PTSD 症状的严重程度联系起来，尽管还不清楚参与（Pineles et al., 2009) 或回避（Sipos et al., 2014) 创伤线索的偏向是否会产生最大的风险。不一致的研究结果导致一些研究者的研究注意偏向变异在 PTSD 中的作用（Sipos et al., 2014)。性别可能是导致研究结果差异的原因之一。

虽然终生创伤是比较常见的，但只有 7.8% 的人经历过创伤性事件发展为 PTSD(Kessler et al., 1995)。此外，研究一直表明，女性患 PTSD 的可能性是男性的 2 倍（Kessler et al.,1995）。尽管

第二章 创伤后应激障碍与认知的理论基础

在所经历的创伤性事件类型（如妇女更可能成为性侵犯的受害者）和所经历的创伤性事件的数量上存在性别差异，但这两种情况都不能充分解释女性 PTSD 的高风险（Tolin & Foa，2002）。有必要进一步研究可能导致 PTSD 性别差异的可变化因素。

识别具有可塑性的与性别相关的风险因素，指的是作为可变化的风险因素 (Kraemer et al., 1997)，对有可能降低女性患 PTSD 的高风险特别关键。焦虑敏感性（Anxiety Sensitivity，AS）就是这样一种可变的风险因素。焦虑敏感性是一种认知风格，它反映了个体倾向于将良性的、焦虑相关的感觉解释为有害或危险的。这种不适应的解释被认为源于这样一种信念，即这些唤醒感觉会产生消极的认知、生理或社会后果 (Reiss et al., 1986)。例如，高焦虑敏感性个体可能将心跳加速视为心脏病即将发作的征兆，而焦虑敏感性低的个体可能仅仅将其理解为一种不舒服的感觉。实证研究表明，焦虑敏感性包括三个子因素：认知、身体和社会关注 (Taylor et al., 2007)。焦虑敏感性与多种焦虑、情绪和压力失调有关 (Olatunji & Wolitzky-Taylor, 2009)，并且通过干预表现出可塑性。例如，一项研究发现，一项简单的电脑治疗能显著降低焦虑敏感性，进而减少焦虑和抑郁症状 (Schmidt et al., 2014)。重要的是，评估焦虑敏感性性别差异的研究反复表明，女性在临床和非临床两种样本中的焦虑敏感性水平都较高 (Schmidt & Koselka, 2000)。因此，尽管不清楚为什么女性比男性表现出更高的水平，但焦虑敏感性作为与性别相关的风险因素是可以改善的。实证研究也表明焦虑敏感性与 PTSD 的发展和维持有关 (Elwood et al., 2009;Taylor, 2003)。理论上，在创伤性事件发生前升高的焦虑敏感性水平可能通过增加焦虑症状的正反馈循环，加剧创伤期间和创伤后的痛苦，因为个体既害怕创伤性事件，也害怕事件引起的焦虑症状。这可能放大他们的情绪反应，并有助于发展回避和其他 PTSD 症状。研究还表明，在经历创伤性事件后，焦虑敏感性和 PTSD 症状是双向维持的 (Marshall, Miles & Stewart, 2010)。在这种情况下，个体由于与创伤相关联，学会害怕焦虑相关的感觉。所以，女性比男性更高的焦虑敏感性增加了女性患 PTSD 的风险。

第三章
创伤后应激障碍与认知的相关研究

一、创伤个体注意控制、焦虑及情绪对闯入记忆的影响[①]

1. 引言

闯入记忆（intrusive memory）是创伤性事件发生后自发的、不可控的、反复出现的一种创伤记忆（Verwoerd, Wessel, de Jong & Nieuwenhuis, 2009），是对创伤性事件短暂的感官片段的再次体验，并伴有创伤性事件发生时的生理、行为和情绪反应（Ehlers, Hackmann & Michael, 2004），包括表象和言语两种形式。闯入记忆是很多心理障碍（如社交恐惧、抑郁、物质滥用）的

[①] 本节基于笔者等在《心理科学》2013年第1期上发表的同名文章改写而成。

共同特征，其中表象形式的闯入记忆更是创伤后应激障碍的典型症状之一 (Holmes, Nielsen & Green, 2008)。以往研究表明，闯入记忆在 PTSD 的形成和维持中发挥了重要作用，PTSD、抑郁个体通常会反复出现视觉的、不可控制且令人痛苦的"闯入表象"(Holmes, et al., 2008)。

注意控制（attention control）在本节中是一种广泛的含义，是指与积极、消极反应相关的控制注意的一般能力，包括注意集中、注意转移和想法控制三个次级因素。注意控制反映了注意中由期望和动机引导的随意控制，体现了随意注意能力上的个体差异 (Derryberry & Reed, 2002)。注意控制还可用于指一种应对策略 (Teasdale, Segal & Williams, 1995)，使个体能避免消极的想法、不良情绪和反应模式。注意控制和焦虑有相互作用：特质焦虑和注意控制负相关，低焦虑个体的注意控制更强。注意控制还与正性情绪正相关，与负性情绪负相关 (Coombes, Higgins, Gamble, Cauraugh & Janelle, 2009)。低焦虑个体可能善于将注意从威胁信息转移到安全信息，这种防御性策略使他们保持较低的焦虑水平。而高焦虑个体易受威胁影响，从威胁线索解除注意时表现出较大的困难 (Derryberry & Reed, 2002)，且表现出一定的负性情绪。

闯入记忆是压力或创伤性事件后的一种普遍现象（刘杰、石伟，2008)，对大多数个体而言，其症状会随时间流逝而消退，而只有小部分创伤受害者的症状会保持下来 (Wessel, Overwijk, Verwoerd & de Vrieze, 2008)。有人认为认知控制中注意控制的个体差异是造成这种区别的主要原因 (Derryberry & Reed, 2002)。形成良好的注意控制对于闯入记忆的逐渐减少以及由此导致的自然恢复至关重要，低注意控制与更高的闯入记忆频率相关 (Hagenaars & Putman, 2011)。此外，低注意控制还与一般的心理痛苦，或负性情绪相关 (Derryberry & Reed, 2002)，从而影响记忆和注意加工（如注意集中问题）并由此导致闯入。

创伤电影可有效引发闯入记忆 (Holmes & Bourne, 2008)，并造成一定的压力情境。创伤电影范式是指给非临床被试观看描写创伤性事件场景的电影片段，诱发其应激反应，然后研究其认知或情绪加工特点。该范式被广泛用于PTSD的实验室模拟研究 (Butler, Wells & Dewick, 1995; Davis & Clark, 1998)，是在实验室条件下发展起来的研究闯入记忆的重要方法之一。

国内关于闯入记忆的研究开始于2008年，主要是关于闯入记忆的理论 (刘杰、石伟，2008) 和生物机制 (高洁、刘良明、伍亚民，2009) 研究。闯入记忆的心理机制研究意义重大。近年来随着汶川大地震、甬温动车事故等重大灾难事件的发生，PTSD受到了社会的关注，因此研究闯入记忆的影响机制及其控制有重要的临床应用价值。

为考察注意控制、焦虑和情绪对闯入记忆的影响，本研究结合创伤电影范式和问卷法 (Derryberry & Reed, 2002)，在运用创伤电影引发被试闯入记忆的基础上，所有数据均采用 SPSS17.0 处理。

2. 研究方法

2.1 被试

华南师范大学和湛江师范学院共 95 名本科生参与了研究，共回收有效问卷 83 份。其中，男生 20 人，女生 62 人，1 人未填性别；文科 64 人，理科 18 人，1 人未填专业；城市 19 人，农村 48 人，15 人未填家庭所在地；年龄在 18—24 岁，平均年龄为 20.54（SD=2.58）。

2.2 材料

2.2.1 创伤电影

采用道路交通事故（Road Traffic Accident, RTA）影片。研究指出，RTA 影片可有效引发类似的创伤后应激症状，如闯入记忆(Halligan, Clark & Ehlers, 2002)。参考以往研究者对影片的选取、拼接及评定方法 (Verwoerd, et al., 2009)，最终选择描述车祸过程的三个不同场景，影片总长 14 分 43 秒。

正式研究前由 26 名大学生（另外选取，不同于前面的被试）对电影进行评定。评定过程采用 E-prime2.0 编程，实验流程为：

保持平静与放松（120 s）—中性图片（20 s）—评定观看电影前的情绪状态（对7种基本情绪进行5点评分，"1"表示"很弱"，"5"表示"很强"）—观看道路交通事故影片—评定观看电影后的情绪状态—休息（3min）。采用生物反馈仪分别记录观看电影前后60s的生理指标，包括皮温、皮电、呼吸、心率、血容量脉冲(Blood Volume Pulse, BVP)等（王振宏、郭德俊、游旭群、高培霞, 2007)。配对t检验结果显示，观看电影后，血容量脉冲(Blood Volume Pulse, BVP)显著增加 [$t(25) = 3.78$, $P < 0.001$]；皮电、皮温有所下降，呼吸、心率有所增加，变化显著，所有 $P < 0.05$。电影前后的情绪主观评定配对t检验结果显示，愤怒 [$t(25) = -5.73$]、厌恶 [$t(25) = -5.73$]、恐惧 [$t(25) = -11.87$]、悲伤 [$t(25) = -6.89$]、惊讶 [$t(25) = -6.68$] 等负性情绪均显著增加，所有 $P < 0.001$；愉快 [$t(26) = 8.74$]、平静 [$t(26) = 12.88$] 等正性情绪均显著降低，所有 $P < 0.001$。影片的客观和主观评定结果表明该影片可较有效地引起被试生理、情绪变化及类似PTSD症状。

2.2.2 注意控制量表（The Attentional Control Scale，ACS）

注意控制量表(Derryberry & Reed, 2002)被用于评价被试注意控制的一般能力。在德里伯里和里德的研究中（Derryberry & Reed, 2002）该量表的Cronbach α 系数为0.88。量表由20项自我报告的注意控制项目组成，采用4点计分，分数在1（几乎从不）和 4（经常）之间变化。本研究中 ACS 的 Cronbach α 系数为 0.88。

2.2.3 闯入日记

要求被试在观看影片的 2 天之内用闯入日记（Intrusion Diary）记录对电影的闯入记忆(Stuart, Holmes & Brewin, 2006)。闯入日记包括闯入的时间、地点、内容、性质、痛苦性、生动性以及是否被某物或某种情境触发了闯入。书面指导语上写明闯入的本质以及记录日记的方法。闯入记忆总量是指以图像、声音、感觉等表象形式（而非想法）出现的与影片相关的闯入记忆的数量之和。

为检验被试是否认真记日记，要求被试在归还日记时完成日记问卷，日记问卷包括被试区分闯入记忆内容（表象或想法）的能力、记日记时的表现、日记的一致性程度等。

2.2.4 状态特质焦虑问卷(State-Trait Anxiety Inventory, STAI)

该问卷包含两个分量表：状态焦虑问卷(S-AI)和特质焦虑问卷(T-AI)，各有 20 项（汪向东、王希林、马弘，1999）。本研究中，状态焦虑问卷的 Cronbach α 系数为 0.89，特质焦虑问卷的 Cronbach α 系数为 0.91。

2.2.5 积极情绪和消极情绪状态量表（PANAS-R）。

采用 PANAS-R 对被试的情绪状态及强度进行测量，该量表由邱林等人（邱林、郑雪、王雁飞，2008）修订。量表由 18 个情绪词组成，其中积极情绪词和消极情绪词各 9 个。采用 5 点评分，分数在 1（非常轻微或几乎没有）到 5（极其强烈）之间变化。该量表在本研究中进行了两次测试，分别是观看电影前（积极情绪和消极情绪的 Cronbach α 系数分别为 0.94 和 0.83），观看电影后（积极情绪和消极情绪的 Cronbach α 系数分别为 0.83 和 0.90）。

2.3 研究程序

首先让被试完成注意控制量表、状态特质焦虑问卷、积极情绪和消极情绪状态量表前测，然后让被试观看道路交通事故影片，看完电影后让被试完成积极情绪和消极情绪状态量表后测，并解释闯入日记的记录方法。两天后，被试交回闯入日记，并完成日记问卷。

2.4 研究结果

2.4.1 注意控制、焦虑、观看电影前后情绪、闯入记忆的相关

从表 1 可以看出，注意控制与闯入记忆的相关特别显著，且为负向。闯入记忆与状态焦虑、特质焦虑、消极情绪前测有显著正相关。此外，注意控制与状态焦虑、特质焦虑都有特别显著的负相关，与观看电影前的积极情绪有特别显著的正相关。状态焦虑和特质焦虑都与看电影前的消极情绪显著正相关，而与看电影前的积极情绪显著负相关。此外，人口学变量与这些变量的相关都不显著。

表 1 注意控制、焦虑、情绪与闯入记忆的描述统计和相关分析

	M(SD)	1	2	3	4	5	6	7
1. 状态焦虑	36.29 (8.19)							
2. 特质焦虑	41.34 (9.07)	0.489***						
3. 消极情绪前测	11.83 (3.72)	0.247*	0.353**					
4. 积极情绪前测	22.24 (7.9)	−0.413***	−0.245*	0.349**				
5. 消极情绪后测	20.77 (8.05)	0.126	−0.026	0.217*	0.257*			
6. 积极情绪后测	12.07 (4.23)	−0.119	−0.05	0.081	0.2	−0.103		
7. 注意控制	52.84 (7.57)	−0.386***	−0.495***	−0.069	0.409***	−0.021	0.026	
8. 闯入记忆	7.8 (6.87)	0.265*	0.231*	0.238*	−0.118	0.077	0.004	−0.524***

注：* 为 P<0.05，** 为 P<0.01，*** 为 P<0.001，下同。

2.4.2 观看影片前后的情绪状态

配对样本 t 检验结果显示，在观看影片后，被试积极情绪显著降低，t(82) = −10.056, p<0.001，而消极情绪显著增加，t(82) = 11.324, p<0.001。结果表明观看电影可使被试情绪产生显著变化。

2.4.3 不同注意控制程度被试焦虑、情绪和闯入记忆的比较

本研究根据被试注意控制分数分组，以研究不同注意控制程度的被试在焦虑和闯入记忆等方面是否不同。依据相关研究中采用的被试分类和选取的方法（Derryberry & Reed, 2002），以注意

控制中位数（52）为分界线，将被试分为高低注意控制组，其中有 11 名被试因注意控制分数为 52 而被排除掉，两组各量表分数的平均值见表 2。结果表明，低注意控制在状态焦虑、特质焦虑上都显著高于高注意控制组；而在积极情绪前测和注意控制上，低注意控制组显著低于高注意控制组。高低两种注意控制组的闯入记忆差异显著。

表 2　高低注意控制组各量表均值 M(SD) 及差异比较结果

分组	N	注意控制	闯入记忆	状态焦虑	特质焦虑	积极情绪前测	消极情绪前测	积极情绪后测	消极情绪后测
低控制	35	45.86（4.33）	11.6（6.69）	38.51（8.43）	45.05（10.28）	19.69（7.58）	11.86（4.21）	12.03（5.1）	20.43（8.58）
高控制	37	59.7（4.09）	4.38（4.2）	34.3（7.22）	37.62（7.33）	25.49（6.81）	11.57（2.61）	12.22（3.51）	20.81（8.07）
t		-13.95***	5.45***	2.284*	3.55**	-3.421**	0.353	-0.183	-0.195

2.4.4　注意控制、情绪对闯入记忆的预测作用

在前面相关分析结果的基础上，以闯入记忆为因变量，注意控制、状态焦虑、特质焦虑、消极情绪前测为自变量，采用逐步回归法进行多元回归分析。从表 3 可知，进入回归方程的显著变量依次是注意控制和消极情绪前测，它们对闯入记忆均产生显著影响，共解释闯入记忆的 29.8%。

表 3　注意控制、情绪对闯入记忆的多元回归分析结果（逐步回归法）

	R	R^2	Adjusted R^2	F	B	Beta
注意控制	0.524	0.274	0.265	30.611***	-0.475	-0.524
消极情绪前测	0.561	0.315	0.298	18.4***	0.374	0.202

3. 讨论

3.1 电影评定结果

本研究对创伤电影的生物反馈及主观情绪评定实验结果表明，观看创伤电影会引起被试的生理及情绪变化。说明创伤电影可诱发应激反应，造成一定的压力情境。这一结果与王振宏等（2007）的结果相似。影片的客观和主观评定结果表明该影片可较有效地引起被试生理、情绪变化及类似 PTSD 症状。因此，该影片作为创伤性事件是有效的，由此推测可有效引发闯入记忆。该实验结果为后面的研究提供了实证支撑。

3.2 创伤个体注意控制、焦虑及情绪对闯入记忆的影响

本研究显示，注意控制与闯入记忆的负向相关特别显著。说明个体注意控制程度越低，经历创伤后的闯入记忆越多；反之，注意控制程度越高，经历创伤后产生闯入记忆越少。该结果与哈吉纳尔斯和帕特曼（Hagenaars & Putman, 2011）的研究结果一致。回归分析结果表明，注意控制对闯入记忆有负向预测作用（$\beta =$

-0.475），说明注意控制对闯入记忆的负向预测作用。该结果与高低两种注意控制组闯入记忆对比差异显著的结果一致，低注意控制组经历创伤后有较多的闯入记忆，而高注意控制组的闯入记忆则较少。研究结果对于闯入记忆产生的机制及个体差异提供了一种新的解释途径，即可以从认知控制中的注意控制个体差异入手。

研究发现，焦虑和情绪与闯入记忆相关，状态焦虑、特质焦虑和消极情绪前测与闯入记忆都有显著正相关。说明经历创伤事件后，状态焦虑、特质焦虑和消极情绪水平高的个体产生的闯入记忆更多。消极情绪前测对闯入记忆有正向预测作用（$\beta = 0.374$）。

3.3 注意控制与焦虑、情绪相关

此外，本研究还发现，注意控制与焦虑、情绪相关，高低注意控制组在焦虑、情绪上差异显著。注意控制与状态焦虑、特质焦虑都显著负相关，与经历创伤前的积极情绪有特别显著的正相关，这与德里伯里和里德（Derryberry & Reed，2002）的研究结果一致。说明注意控制程度低的个体，即使不经历创伤性事件，其焦虑水平也可能较高，而积极情绪水平较低；另一方面，注意控制程度高的个体，其状态焦虑和特质焦虑水平较低，而积极情绪水平则较高。该研究结果印证了德里伯里和里德（Derryberry & Reed，2002）提出的"注意控制对焦虑症状有重要的解释作用"这一结论。

4. 启示

闯入记忆是 PTSD、社交恐惧、抑郁等很多心理障碍的共同症状，特别对 PTSD 的形成和维持起重要作用。良好的注意控制在一定程度上具有保护功能，注意控制差的个体则易受临床心理疾病影响。基于认知治疗的观点，加强对创伤个体的注意训练，增强其注意控制能力，如从创伤性事件转移注意并控制自己不去想创伤性事件，都会有效地减少闯入记忆乃至阻断 PTSD、抑郁等心理障碍的发展，还可以减少个体的焦虑，这些都具有重要的临床应用价值。

5. 结论

（1）注意控制与闯入记忆呈负向相关，并能负向预测闯入记忆。

（2）状态焦虑、特质焦虑和消极情绪前测与闯入记忆都有显著正相关，消极情绪前测对闯入记忆有正向预测作用。

（3）注意控制与焦虑、情绪相关，高低注意控制组在焦虑、情绪上的差异显著。

二、高低创伤经历个体的 Stroop 干扰效应及性别差异研究[①]

1．引言

PTSD 是个体对经历、目睹或遭遇到威胁性或灾难性事件而导致的一种非正常的心理障碍，具有强烈的恐惧感和无助感，其核心症状主要表现为：闯入记忆、情感麻木和回避、高度警觉 (APA, 2013)。PTSD 既对个体各方面生活造成严重影响，也给社会带来沉重的负担。

PTSD 个体通常伴随着明显的认知功能损伤。研究表明，PTSD 个体存在注意保持缺陷和注意执行控制缺陷 (Flaks et al., 2014)；PTSD 个体对与创伤相关的信息也表现出更多的注意偏向和应激反应（Ashley et al., 2013）；此外，PTSD 个体存在对创伤信息的记忆偏向，在陈述性记忆和自传体记忆中表现出一定程度的缺陷（Brown et al., 2014）。研究表明，PTSD 个体的认知功能受到一定的损伤，注意选择会影响 Stroop 效应 (顾本柏、贾磊、张庆林，2013)。如在经典色—词 Stroop 任务中，被试对

---

① 本节基于笔者等在《心理科学》2017 年第 3 期上发表的同名文章改写而成。

具有颜色意义的词做颜色判断时便会受到汉字意义的影响,出现明显的认知抑制(白学军、贾丽萍、王敬欣,2016)。越来越多的研究者开始关注 PTSD 个体的认知功能。

Stroop 范式可用于测量执行功能,可以表明个体受到干扰的程度。"Stroop"效应即斯特鲁普效应,最初来源于美国心理学家斯特鲁普(Stroop)于 1935 年做的一个实验,他利用刺激材料在颜色和意义上的不同,如用蓝颜色的笔写一个红字,要求被试说出"红"字的颜色即蓝色,而被试通常受到字义的影响,读出的往往是"红",证明人们阅读时受到字义的干扰。随着研究的不断深入,经典 Stroop 范式已经演变为各种范式,被应用于研究儿童及特殊个体的执行功能(程真波、黄宇霞,2013)。Stroop 效应可作为检验 PTSD 的指标,以往的研究常用 Stroop 效应的反应时来检测认知冲突。由于 PTSD 个体的认知功能受到了一定程度的损伤,PTSD 个体在面对 Stroop 范式时,受到的干扰远远大于正常人,他们的反应速度显著慢于正常被试(Cui, Chen, Liu, Shan & Jia, 2014)。

性别差异存在于 Stroop 研究中,国内外众多研究表明被试的性别是影响 Stroop 效应的一个因素,如在一项 Stroop 颜色词测试中的结果表明女性表现优于男性(Yücel et al., 2012)。有研究发现,同男性相比较,女性在经历创伤性事件后会受到更强烈的心理创伤(Hourani, Williams, Bray & Kandel, 2015),而且女性

PTSD 的患病率为男性的 2 倍。

以往研究多注重于将 PTSD 个体与正常人进行比较，对于不同程度 PTSD 个体的 Stroop 干扰效应却很少涉及；而且在有关 PTSD 个体在性别方面的研究也较少。因此，在本研究中，本书将运用经典 Stroop 范式来探讨高低两种程度的 PTSD 个体认知功能是否存在差异，探讨高低 PTSD 被试在对于不同刺激的 Stroop 干扰效应上是否存在显著差异。

2．研究方法

2.1 研究对象

在某大学共发放问卷 5000 份，回收问卷 3853 份，回收率为 77.1%，其中男生 1066 份，女生 2780 份。本研究采用创伤性事件终身经历问卷—学生版 (Life Incidence of Traumatic Events-Student Form, LIET-S) 和 PTSD 检查表—平时版（PTSD Checklist-Civilian Version，PCL-C）两个量表 (Greenwald & Rubin, 1999)。当被试在 LIET-S 中报告至少经历一次创伤性事件时，要求被试完成 PCL-C 问卷，筛选 PTSD 个体共 2864 名，其中有效数据为 2560 份，其中男生 632 名，女生 1922 名（丢失 6 名被试的性别），以被试得分 44 分作为划分高低 PTSD 组标准，高于及等于 44 分的被试作为高 PTSD 组，共抽取 33 名（男 7 名），得分低于 44 分的被试作为低 PTSD 组，共抽取被试 32 名（男 6 名）。平均年龄为

20.06 岁，视力正常或矫正视力正常，无色盲色弱。

2.2 研究工具

2.2.1 创伤性事件终身经历问卷—学生版（LIET-S）

LIET-S 包括了 16 项条目，涵盖了广泛潜在的创伤和丧失事件。LIET-S 的 Cronbach α 为 0.79，适用于儿童和青少年。

2.2.2 PTSD 检查表—平时版（PCL-C）

PCL-C 是根据 DSM-IV 制定的、由 17 项条目组成的 PTSD 症状调查表，主要用于评估创伤后应激症状，问卷具有较高的内部一致性及重测信度，且能较好预测 PTSD。

2.2.3 状态焦虑问卷（S-AI)

该问卷含有 20 项条目，可用来评价状态焦虑(汪向东、王希林、马弘，1999)。本研究中，状态焦虑问卷的 Cronbach α 为 0.872，具有良好的内部一致性。

2.2.4 Stroop 经典范式

将经典 Stroop 的任务类型分为两种情况，一种为一致任务，即字的颜色和字义一致；另外一种为不一致任务，即字的颜色和字义不一致。选用的汉字分别为：红、黄、绿、蓝；汉字的颜色分别为红色、黄色、绿色、蓝色。

2.3 研究程序

首先让被试完成状态焦虑问卷，然后让被试完成 E-prime 编制的程序，结束实验后，主试导出数据，进行分析，得出结果。

实验设计：采用2（PTSD 水平：高低组）×2（性别：男性与女性）×2（任务类型：一致任务与不一致任务）三因素混合设计；PTSD 水平为组间因素，有高 PTSD 组和低 PTSD 组两个水平；性别为组间因素；任务类型为组内因素，有一致任务和不一致任务两个水平。刺激分为三个组块呈现，每个组块的刺激为100 个 trail，其中一致任务 50 个，不一致任务 50 个，刺激以随机顺序呈现，整个实验的 Trial 数为 300 个。实验流程见图1。

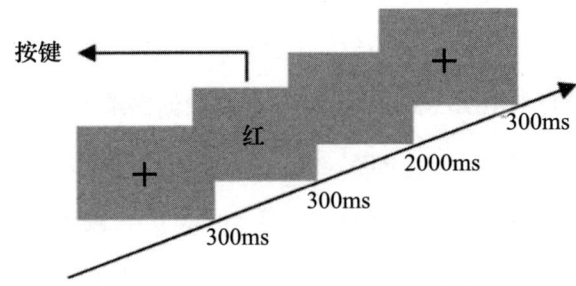

图1 实验流程图

3．研究结果

利用 E-prime 软件对收集到的数据进行简单的合并、提取和整理，使用 SPSS 软件对数据进行处理，其中 5 名被试的数据由于反应正确率低于 80% 或反应时在三个标准差之外而被剔除。最后得到的有效被试为高创伤组 30 人（男 15 人），低创伤组 30 人（男 15 人）。

3.1 高低创伤个体在 Stroop 干扰效应的差异

对反应时进行2（创伤水平：高低组）×2（性别：男性与女性）×2（任务类型：一致任务与不一致任务）的重复测量的方差分析，结果发现：创伤水平主效应显著，$F(1, 56) = 5.14$，$p < 0.05$，偏 $\eta2 = 0.084$；高创伤组的反应时 (691 ± 14.36) 显著大于低创伤组 (645.80 ± 14.36)；性别的主效应显著，$F(1, 56) = 8.20$，$p < 0.05$，偏 $\eta2 = 0.128$；男性的反应时 (639.73 ± 14.36) 显著低于女性的 (697.89 ± 14.36)；任务类型的主效应显著，$F(1, 56) = 124.35$，$p < 0.05$，偏 $\eta2 = 0.69$；一致任务的反应时 (646.76 ± 10.12) 显著低于不一致任务 (690.85 ± 10.57)；性别和创伤水平的交互作用显著，$F(1, 56) = 5.43$，$p < 0.05$，偏 $\eta2 = 0.09$；任务类型和创伤水平的交互作用显著，$F(1, 56) = 12.63$，$p < 0.05$，偏 $\eta2 = 0.18$。

3.2 高低创伤个体在 Stroop 效应上的性别差异

对高低创伤被试分别就性别进行简单主效应分析，不同组别的反应时结果见图2。结果发现，高创伤被试在性别上存在显著差异，男性的反应时（639.07 ± 20.31）显著低于女性的反应时（744.57 ± 20.31），$F(1, 56) = 13.49$，$p < 0.05$，偏 $\eta2 = 0.19$；低创伤组男性（640.39 ± 20.31）与女性（651.20 ± 20.31）不存在显著性差异，$F(1, 56) = 0.14$，$p > 0.05$，偏 $\eta2 = 0.003$。

3.3 高低创伤个体在任务类型上的 Stroop 效应

对高低创伤被试分别就任务类型进行简单主效应分析，不同

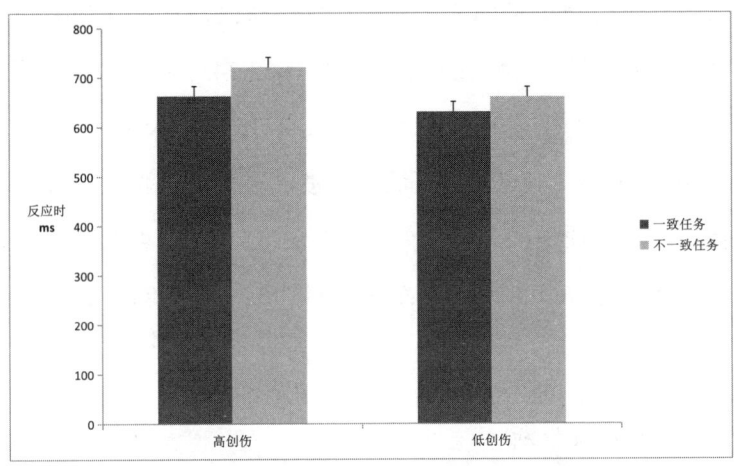

图 2 高低创伤被试在性别上的 Stroop 效应

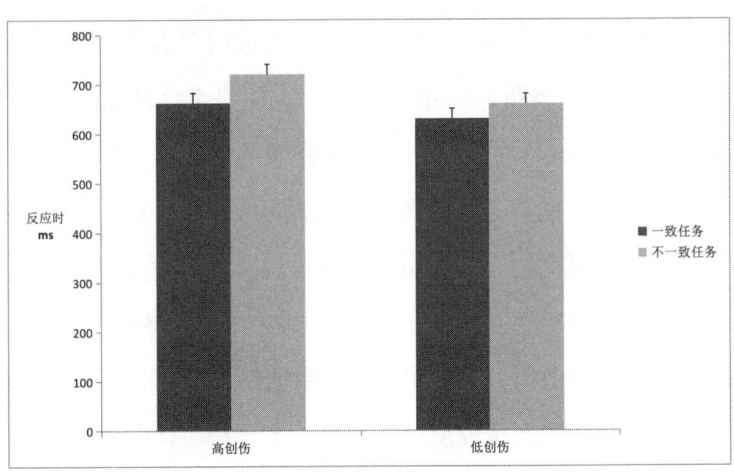

图 3 高低创伤被试在任务类型上的 Stroop 效应

组别的反应时结果见图 3。结果表明：高创伤被试在任务类型上存在显著差异，一致任务的反应时 (662.743 ± 15.73) 显著低于不一致任务的反应时 (720.89 ± 16.22)，$F(1, 58) = 111.77$，$p < 0.05$，偏 $\eta 2 = 0.658$；低创伤被试在任务类型上也存在显著差异，一致任务的反应时 (630.77 ± 15.73) 显著低于不一致任务的反应时 (660.82 ± 16.22)，$F(1, 58) = 29.84$，$p < 0.05$，偏 $\eta 2 = 0.34$。

4．讨论与分析

4.1 高低创伤个体在 Stroop 干扰效应的差异

与以往研究一致，本研究显示，高低创伤个体在 Stroop 干扰效应上存在显著差异，高创伤个体的反应时显著长于低创伤个体的。已有研究表明，与正常人相比，创伤个体的反应会比较慢 (Cui et al., 2014)。有关 Stroop 研究表明，创伤个体有延迟反应和对威胁相关的词有注意偏向（Ashley et al., 2013）。前人研究表明，与对照组相比，创伤个体组对威胁性的面孔表情有明显的注意偏向，并且注意偏向的程度与症状的严重程度呈正相关 (Hommer et al., 2014)。本研究结果表明创伤个体的 Stroop 干扰效应大小也与症状的严重程度呈正相关。高创伤个体的反应时也就长于低创伤个体的，高创伤个体更容易受到认知干扰。

4.2 高低创伤个体在 Stroop 效应上的性别差异

本研究显示高创伤个体在性别上存在显著差异，男性的反应时显著低于女性的反应时，这说明高创伤的女性受到认知干扰的程度高于男性，而低创伤个体在性别上不存在显著差异。研究结果与史维尔等人（Shvil et al., 2014）对于与创伤相关的神经生物学机制研究中发现了性别差异的结论一致。

性别差异研究一直是心理学的研究热点，一些关于 Stroop 效应大脑机制的研究中发现了性别差异。研究表明，性别是创伤的风险因素，女性比男性更容易发展成为创伤（Dell'Osso et al., 2013）。已有研究发现，个体在空间能力和言语能力上有显著的性别差异，相对来说，女性比男性更容易受到无关视空间信息的干扰（Judge & Taylor, 2012）。本研究结果表明高创伤男性个体的反应时低于女性，也就是说，女性更容易受到认知干扰，这有可能是因为女性在对颜色词做出反应时容易受到颜色词语义的干扰，进而影响其对目标刺激作出反应，阻碍了其认知加工。而低创伤个体间没有性别差异，这可能是因为两者之间创伤症状程度较低，颜色词对他们的影响程度相似，所以他们对刺激做出反应时受到的认知干扰程度较为接近。

4.3 高低创伤个体在 Stroop 效应上的任务类型差异

本研究结果显示，高低 PTSD 个体在任务类型上存在显著差异，一致条件刺激的个体的反应时显著低于不一致条件刺激的个体，这与前人研究一致(Zurrón, Lindín, Galdo-Alvarez & Díaz,2014；白学军、贾丽萍、王敬欣，2016)。研究表明，相对于一致条件刺激，不一致条件刺激会引起更大的干扰效应。当个体处于一致条件刺激时，其所受到的认知干扰减少，所以一致条件刺激有助于个体更快地对刺激做出反应，而处于不一致条件刺激时，个体受到不一致视空间信息的干扰，个体需要对颜色和词进行区分，即个体对具有颜色意义的词做颜色判断时便会受到汉字意义的影响，进而出现了认知抑制，延缓了个体对刺激信息做出反应。

4.4 不足和展望

本书将高低创伤组的反应进行比较，但多数研究都以正常个体作为控制组，在以后的研究中可以加入正常个体为对照组进行研究。另外，所有的个体都是由 PCL-C 筛选出来的，但个体的创伤经历、生活环境和人格特征各不相同，可能对实验结果产生影响，因此在以后的研究中可以加入一些人口学变量和人格特征等进行探讨。

5．结论

（1）高低创伤个体的 Stroop 效应存在显著的差异，高 PTSD 个体反应时显著长于低创伤个体的反应时。

（2）高低创伤两组个体在任务类型上的 Stroop 效应均存在显著差异，一致任务的反应时显著低于不一致任务的反应时。

（3）高创伤组个体在性别上的 Stroop 效应存在显著差异，男性的反应时显著低于女性的反应时。

（4）创伤水平与任务类型之间在 Stroop 干扰效应上存在交互作用。

三、创伤模拟情境下情绪启动对注意偏向的影响[①]

1. 问题提出

PTSD 个体会表现出显著的负性注意偏向，更倾向于将空间注意分配给与创伤相关的信息。注意偏向通常在焦虑、PTSD 等临床症状的发展和维持中起重要作用 (Beard, Sawyer & Hofmann, 2012)。在日常生活中，个体的认知过程往往是连续和动态的，经常会遇到竞争注意资源的一系列连续的刺激，会面临注意的时间分配问题——注意在时间上连续的刺激之间如何分配有限的资源。

因此，创伤相关信息的最初加工如何影响 PTSD 个体所处环

[①] 本节基于笔者等在《中国临床心理学杂志》2016 年第 3 期上发表的同名文章改写而成。

境中随后信息的加工？PTSD 个体能否抑制或消除对威胁刺激的注意偏向？如何抑制或消除注意偏向？这些研究具有重要的临床和心理治疗意义。而情绪启动范式为此类研究提供了可能。

情绪启动对注意偏向有一定影响。情绪启动是指个体先行加工具有一定情绪意义的刺激后，后继加工也易被蒙上相应的情绪色彩（吕勇、张伟娜、沈德立，2010）。大量研究表明，情绪启动会影响和改变随后的认知加工（方平、陈满琪、姜媛，2006）。以 PTSD 等个体为对象的研究结果均表明，负性情绪启动下的注意偏向得到了抑制。有研究在实验前告诉 PTSD 的越战老兵，完成情绪 Stroop 实验任务后要看一段战争录像，被试表现出对威胁刺激注意偏向的抑制（Helfinstein et al., 2008）。沃尔德等（Wald et al., 2011）研究发现，一些严重压力会导致焦虑个体的注意偏向得到抑制 (Wald, Shechner, et al., 2011)。

关于 PTSD 个体情绪启动对注意偏向的影响，国外有一些相关研究，但在实验材料、任务范式等方面仍存在一些不足。在实验材料上，一般使用情绪词或指导语启动情绪 (Eran et al., 2010)，缺乏生态效度。在被试方面，以往的研究一般采用创伤电影范式或 PTSD 个体。但由于 PTSD 被试不易得到，研究者们多采用创伤电影范式研究创伤后认知机制（Chou et al., 2014;Holmes et al., 2008; Monds et al., 2013）。

创伤电影范式（the trauma film paradigm）是实验室模拟创伤

研究的一种重要范式（Monds et al., 2013; Holmes et al., 2008）。由于伦理和实际的原因，很难对处于创伤期间的个体进行研究，创伤电影范式就成为对心理创伤进行模拟研究的一种较好的方法。创伤电影范式是指给非临床被试观看描写创伤性事件场景的短电影，然后研究其认知或情绪加工特点。该范式使用的电影应该是"包含创伤内容的电影"，它们不一定引起创伤诊断标准所要求的"紧张的情绪反应"，但可有效引发类似的创伤后应激症状，如闯入记忆（Chou et al., 2014; Holmes et al., 2008）。

综上所述，为考察PTSD个体在情绪启动下的负性注意偏向能否得到抑制，同时考察与个体创伤相关和无关的负性刺激对注意偏向的抑制有无区别，本研究拟在创伤电影范式的基础上，结合情绪启动范式和调整后的点探测范式来对创伤个体进行模拟实验研究。本研究主要检验以下假设：（1）在情绪启动下，负性图片启动会抑制注意偏向，即与无启动对照条件相比，负性图片启动下的注意偏向分数要小。（2）创伤相关信息与创伤无关信息对注意偏向的抑制作用不同。

2．研究方法

2.1 被试

17名在校大学本科生作为有偿被试，其中8名男性，9名女性，年龄在18—23岁，平均年龄为20.47岁（SD =1.18），所有被试身心健康，均为右利手，视力正常或矫正后正常，均签署了实验知情同意书。

2.2 实验设计

采用 4（启动类别：电影负性图、电影中性图、一般负性图、一般中性图）×2（一致性：目标位置与负性面孔一致，目标位置与负性面孔不一致）的被试内实验设计，其中启动类别和一致性为组内变量，一般中性图作为无启动对照条件。

实验共有 4 个 block，每种类型的图片启动下的试次为一个 block，每个 block 包括 128 个试次，总共 512 个试次。为避免其他 3 种类型的图片启动下的试次对无启动对照条件下试次的影响，将无启动对照条件 block 放在最前面。面孔对图片以伪随机顺序呈现；目标探测箭头根据上下方向、左右位置平衡。每 64 个试次后会出现休息界面，被试休息好后按键继续实验。

2.3 实验材料

2.3.1 电影材料

采用道路交通事故（Road Traffic Accident, RTA）影片。研究指出，RTA 影片可有效引发类似的创伤后应激症状，如闯入记忆 (Holmes & Bourne, 2008)。参考国内外相关研究（如 Holmes et al., 2008; 窦伟伟等, 2014），选择描述高速路车祸过程的影片材料，影片总长 14 分 43 秒。影片的客观和主观评定结果表明该影片可较有效地引起被试生理、情绪变化及类似 PTSD 症状（窦伟伟等，2014)。在实验过程中，如有任何不适，被试可随时自愿退出实验。

2.3.2 图片材料

根据图片是否与创伤影片相关以及效价，启动图片包括与创伤电影相关的电影负性图和电影中性图，以及与电影无关的一般负性图。电影负性图是从创伤电影中截取的负性图，如高速路上车祸的场景；电影中性图是从电影中截取的中性图，如高速路上正常行驶的汽车。

从创伤电影中截取的电影负性图和中性图各 32 张，另外从国际情绪图片库 (International Affective Pictures System) 选取一般中性、一般负性图片各 32 张，一共 128 张。一般负性和中性图的选择考虑到与电影截图内容的匹配性，主要为人物及交通相关图片。图片愉悦度的评定值为：电影负性图 (2.49 ± .76)；电影中性图 (4.54 ± .31)；一般负性图 (2.26 ± .49)；一般中性图 (5.30 ± .53)。独立样本 T 检验不同图片愉悦度均值有无差异：电影负性和中性图之间差异显著，$t(62)= -14.09$，$p < .001$；一般负性和中性图之间差异显著，$t(62)= -23.75$，$p < .001$；电影负性和一般负性图之间差异不显著，$t(62)=1.39$，$P > .05$；电影中性和一般中性图之间差异显著，$t(62)= -7.00$，$p < .001$。同时图片唤醒度的评价为：电影负性图 (6.16 ± .89)；电影中性图 (3.92 ± .28)；一般负性图 (6.00 ± .65)；一般中性图 (3.54 ± .62)，

具体的分值是依据从 1 到 9 的级次，9 代表最高的愉快性和最强的唤醒度。独立样本 T 检验不同图片唤醒度均值有无差异：电影负性和中性图之间差异显著 t(62)=13.68，$p < .001$；一般负性和中性图之间差异显著，t(62)=15.52，$p < .001$；电影负性和一般负性图之间差异不显著，t(62)=0.86，$p > .05$；电影中性和一般中性图之间差异显著，t(62)=3.14，$p < .01$。

2.3.3 点探测材料

面孔图片选自中国情绪图片库 (CAPS) (白露、马慧、黄宇霞、罗跃嘉，2005)，从中挑选出男女中性、负性面孔图各 32 张，总共 128 张。屏幕中央每次出现两张面孔图，中性和负性各一张，左右对称，性别相同。面孔图的愉悦度评定值为：男性负性 (2.52 ± 0.22)，男性中性 (4.28 ± 0.11)，两者差异显著，t(62)= –40.53，$p < .001$；女性负性 (2.64 ± 0.37)，女性中性 (4.50 ± 0.10)，两者差异显著，t(62)= –27.46，$p < .001$。唤醒度的评定值为：男性负性 (6.56 ± 1.04)，男性中性 (3.56 ± 0.69)，两者差异显著，t(62)=13.61，$p < .001$；女性负性 (6.23 ± 1.11)，女性中性 (4.16 ± 0.90)，两者差异显著，t(62)=8.20，$p < .001$。图片分辨率均为 100 像素 / 英寸，大小统一为 20cm × 23cm，两张面孔图片之间的距离为 11cm。被试双眼与屏幕距离约 1.0m。

目标探测为白色箭头，分向上和向下两种，在屏幕上呈现时大小为 2cm 高，1cm 宽，视角为 1.5° × 0.3°。箭头出现在两张面孔中的一张出现过的位置中央。负性面孔的位置，目标探测的位置，以及探测箭头的方向在面孔对之间完全平衡。

2.4 实验程序

整个实验分两个阶段：创伤电影片段观看阶段和注意探测实验任务阶段。"正式实验"在观看电影后间隔5分钟开始。

2.4.1 观看电影

观看电影前让被试填写汪向东等（1999）修订的状态特质焦虑问卷(State-Trait Anxiety Inventory, STAI)，被试的状态焦虑（S-AI）分数 (32.14 ± 7.69) 和特质焦虑（T-AI）分数 (38.00 ± 7.66) 均处于正常水平。

观看电影前后分别让被试填写积极情绪和消极情绪状态量表（PANAS-R）(邱林、郑雪、王雁飞，2008)。观看电影前（积极情绪和消极情绪的 α 系数分别为0.93和0.78），观看电影后（积极情绪和消极情绪的 α 系数分别为0.91和0.93）。积极情绪得分在观看影片前为 (22.59 ± 6.49)，观看影片后为 (13.55 ± 5.02)；消极情绪得分在观看影片前为 (10.6 ± 2.22)，观看影片后为 (18.32 ± 8.41)。配对样本T检验结果显示，观看影片后，积极情绪显著降低，$t(21)= -4.84, p<0.001$，而消极情绪则显著增加，$t(21)=7.03, p<0.001$。

所有被试完成实验后，必须记录对电影的闯入记忆(Intrusion memory)，以保证电影材料引发了PTSD症状。闯入记忆是

PTSD 的三个核心症状之一，可以作为检验影片是否引发 PTSD 症状关键的特异性指标。要求被试在观看影片的 2 天之内用闯入日记（Intrusion Diary）记录对电影的闯入记忆 (Kamboj et al., 2014) 频次。未来两天内，如果脑海中出现任何与影片有关的图像（心理画面）或想法（言语想法），都可以算为一次。

数据分析表明，每位被试在看完电影后的两天内都出现了不同程度的闯入（范围为 3—16 次），17 名被试的闯入记忆平均数量为 7.53(SD = 4.45) 次。

影片的客观和主观评定结果表明，该影片可较有效地引起被试生理、情绪变化及类似 PTSD 症状。因此，该影片作为创伤性事件是有效的，可以在实验室进行模拟创伤研究。

2.4.2 正式实验

正式实验程序由 E-Prime1.0 软件编成。在每个试次 (trial) 中，首先在黑色的屏幕上呈现白色十字注视点 (呈现时间 500ms)，然后呈现启动刺激 (200ms)，接下来是空白屏（300ms），呈现面孔图片 (500ms)，最后是目标探测，其呈现时间上限 1100ms，目标探测呈现随被试按键终止，并自动进入下一个试次。当目标探测箭头呈现时，要求被试尽量迅速而准确地用按键判断其方向：向上按"F"键；向下则按"J"键。

3．结果

采用 SPSS 17.0 统计软件对行为数据进行重复测量方差分析。

3.1 对目标探测的准确率

对于所有被试，正确确定探测箭头方向的平均准确率是 97.47%。用启动类别（电影负性、电影中性、一般负性、一般中性）一致性（目标位置与负性面孔一致，目标位置与负性面孔不一致）进行两因素重复测量方差分析，启动和一致性都作为被试内变量。启动的主效应不显著，$F(3,48)=0.7$，$p > 0.05$，$\eta2 =0.04$。一致性的主效应不显著，$F(1,16)=0.07$，$p > 0.05$，$\eta2 = 0.004$；启动与一致性的交互效应不显著，$F(3,48)=1.17$，$p > 0.05$，$\eta2 =0.07$。

3.2 反应时和注意偏向量

3.2.1 反应时

统计结果显示，本实验中情绪启动效应明显。用启动（同前）一致性（同前）进行两因素重复测量方差分析，启动和一致性都作为被试内变量。结果显示，不同启动条件在反应时上有显著差异，$F(3,48)=8.53$，$p < 0.01$，$\eta^2 = 0.35$。一致性的效应不显著，$F(1,16) =0.33$，$p > 0.05$，$\eta2 = 0.02$；两自变量之间的交互效应没有达到统计显著性，$F(3,48)= 0.90$，$p > 0.05$，$\eta2 = 0.05$。

各种图片启动条件下对探测目标的平均反应时（见表4）之间，电影负性图启动和一般中性图启动之间差异显著，$p < 0.05$；电影中性图启动和对照条件之间差异显著，$p < 0.01$；一般负性图启动和对照条件之间差异显著，$p < 0.001$。

表4 各种图片启动条件下对探测目标的反应时平均值及标准差（$M \pm SD$）ms

	电影负性图	电影中性图	一般负性图	一般中性图
目标位置与负性面孔一致	541.89 ± 75.50	552.46 ± 73.58	535.65 ± 69.77	587.53 ± 89.07
目标位置与负性面孔不一致	540.28 ± 75.65	551.86 ± 70.03	535.13 ± 72.39	593.01 ± 89.27
总平均	541.08 ± 18.27	552.16 ± 17.35	535.39 ± 17.14	590.27 ± 21.59

3.2.2 注意偏向量

注意偏向量是通过从目标出现在中性面孔位置上的反应时减去目标出现在负性面孔位置上的反应时而得到的数值。注意偏向量提供了对被试空间注意分配的测量：正的分数表明对负性面孔位置更多的注意分配，即存在注意偏向；负值表明对中性面孔位置更多的注意分配，即注意偏向得到了抑制。

用单因素重复测量方差分析比较四种条件下的注意偏向量，结果表明，四种条件下的注意偏向量差异显著，$F(3,48)=5.90$，$p < 0.05$，$\eta 2=0.15$。四种不同条件下的注意偏向量的平均值分别为：对照条件下，被试的注意偏向量最大（5.47 ± 10.4），

其次是一般负性图（-0.51±15.78），再次是电影中性图启动（-0.61±13.47），最小的是电影负性图启动（-1.61±12.26）。对比注意偏向量均值递减的四组可以看出，无启动条件下注意偏向量为正，表明对负性面孔的注意偏向仍存在。而三种启动条件下的注意偏向量都为负值，表明对负性面孔的注意分配较少，即注意偏向得到了抑制。

4．讨论

采用创伤电影范式通过实验室实验研究情绪启动对后继注意偏向的影响，结果表明负性情绪启动下和电影中性启动下，注意偏向得到了抑制。该研究结果与前人相关研究一致（Helfinstein et al., 2008; Yair et al., 2010; Wald et al., 2011），又对既往研究有所补充。

首先，负性情绪启动对创伤个体随后的注意偏向产生了抑制。在启动阶段时，由于负性信息会引起人类优先注意，相比于一般中性图，电影负性图和一般负性图更容易引起被试注意并占有更多认知资源。另外，根据认知加工的资源有限理论和"优先化理论"（prioritization hypothesis）(Helfinstein et al., 2008)，负性情绪启动导致个体优先处理威胁信息，将重要的注意资源给予先行威胁刺激，在随后的点探测阶段，对负性面孔的注意分配减少导致了注意偏向的抑制。

其次，相关情绪启动也对注意偏向有一定抑制作用。其一，根据警报信号理论（Holmes et al., 2008;Sündermann et al., 2013;Regambal et al., 2012;Van, et al., 2015），尽管电影中性图本身不具创伤性，但因其与创伤电影相关联，本质为中性的电影中性图可能成为闯入记忆的内容(刘力勇、王力 & 青于兰，2015)，具有警报信号意义，也具有创伤性，比一般负性图更易被注意到。其二，根据条件反射理论，创伤影片相当于无条件刺激，个体容易将电影中性刺激与影片相联系，相当于无条件刺激和条件刺激多次配对出现（刘议泽、李燕、刘翔平、谭雅倩，2014)，对影片情境的联想增加了电影中性刺激的唤醒水平（前面实验材料评定数据也显示电影中性和一般中性图片唤醒度差异显著）。所以，和创伤关联的电影中性图片启动也会导致注意偏向的抑制。由此，创伤性事件发生之前的中性情境及中性刺激在PTSD个体相关症状的引发和维持方面所起的作用也值得关注。

本实验研究创伤个体对威胁刺激注意偏向的抑制，实验结论有助于理解PTSD个体情绪启动抑制注意偏向的现象，这对我们探索PTSD疾病的本质及其诊断和治疗有重要的临床心理意义。从生物进化的角度来看，由于对威胁快速反应有利于生存，会优先引起个体的注意和加工，有利于人类的生存。而认知资源的容量有限会导致挤占威胁性较小的刺激的注意资源。此外，与个体相关的威胁性刺激比无关的威胁性刺激更能优先引起被试的警觉注意，具有保护意义。早期负性图片启动和电影中性图片启动对后期负性面孔刺激的注意偏向有抑制作用。从临床治疗的角度来看，本研究为厌恶疗法提供了一定的实验证据。

参考文献

白露、马慧、黄宇霞等:《中国情绪图片系统的编制——在46名中国大学生中的试用》,载《中国心理卫生杂志》,2005年第11期。

白学军、贾丽萍、王敬欣:《特质焦虑个体在高难度Stroop任务下的情绪启动效应》,载《心理科学》,2016年第1期。

程真波、黄宇霞:《面孔—词Stroop范式中的情绪冲突效应研究》,载《心理科学》,2013年第4期。

顾本柏、贾磊、张庆林:《不同提示线索对于Stroop干扰效应的影响》,载《心理科学》,2013年第2期。

邓明昱:《创伤后应激障碍的临床研究新进展(DSM-Ⅴ新标准)》,载《中国健康心理学杂志》,2016年第5期。

窦伟伟、郑希付、杨慧芳等:《认知分心的强度对创伤性信息加工的影响》,载《心理学报》,2014年第5期。

杜建政、马胜祥、朱新明：《创伤后应激障碍的认知理论》，载《心理学动态》，2001年第2期。

方平、陈满琪、姜媛：《情绪启动研究的实验范式》，载《心理科学》，2006年第6期。

高洁、刘良明、伍亚民：《创伤后应激障碍闯入性记忆的生物学机制》，载《现代生物医学进展》，2009年第23期。

刘杰、石伟：《创伤事件的闯入记忆的理论与研究》，载《西南师范大学学报(自然科学版)》，2008年第2期。

刘力勇、王力、青于兰：《创伤暴露青少年群体中创伤后应激障碍的症状结构分析》，载《中国临床心理学杂志》，2015年第4期。

刘议泽、李燕、刘翔平等：《汉语听写障碍儿童的形音联结缺陷探因》，载《中国临床心理学杂志》，2014年第4期。

吕勇、张伟娜、沈德立：《不同愉悦度面孔阈下情绪启动效应.来自ERP的证据》，载《心理学报》，2010年第9期。

邱林、郑雪、王雁飞：《积极情感消极情感量表(PANAS)的修订》，载《应用心理学》，2008年第3期。

汪向东、王希林、马弘：《状态-特质焦虑问卷》，见《心理卫生评定量表手册》(增订版)，北京：中国心理卫生杂志社1999年版。

王振宏、郭德俊、游旭群、高培霞：《身体攻击行为学生自主神经活动的情绪唤醒特点》，载《心理学报》，2007 年第 2 期。

于肖楠、于旭、张向葵：《创伤后应激障碍的双重表征理论及其进展》，载《心理学探新》，2003 年 2 期。

Aiena, B. J. , Buchanan, E. M. , Smith, C. V. , Schulenberg, S. E., "Meaning, Resilience, and Traumatic Stress after the Deep Water Horizon Oil Spill: A Study of Mississippi Coastal Residents Seeking Mental Health Services", *Journal of Clinical Psychology*, Vol. 72, No.12, 2016, pp.1264-1278.

Alim, T. N., Feder, A., Graves, R. E., Wang, Y., Weaver, J., Westphal, M., et al. , "Trauma, Resilience, and Recovery in A High-risk African-american Population", *Am J Psychiatry*, Vol.165, No.12, 2008, pp.1566-1575.

Alisha,C.Holland, Elizabeth, A.Kensinger,"Emotion and autobiographical memory", *Physics of Life Reviews*, Vol.7, No.1, March 2010, pp.88-131.

American Psychiatric Association, *Diagnostic and Statistical Manual of Mental Disorders* (DSM-5®), American Psychiatric Pub, 2013.

Anke Weidmann, Ania Conradi, Kathrin Gröger, Lydia Fehm ,Thomas Fydrich, "Using Stressful Films to Analyze Risk Factors for PTSD in Analogue Experimental Studies-which Film Works Best?", *Anxiety,*

Stress & Coping: An International Journal, Vol.22, No.5, 2009, pp.549-569.

Annie, M., Whitaker, Nicholas, W., Gilpin, Scott, Edwards, "Animal Models of Post-Traumatic Stress Disorder and Recent Neurobiological Insights", *NIH Public Access,* Vol.25, No.6, July 2014, pp.398-409.

Ashley, V., Honzel, N., Larsen, J., Justus, T., & Swick, D.,"Attentional Bias for Trauma-related Words. Exaggerated Emotional Stroop Effect in Afghanistan and Iraq War Veterans with PTSD", *BMC Psychiatry,* Vol.13, No.1, 2013, pp.1-11.

Ask Elklit1, Sessel Kurdahl, "The Psychological Reactions after Witnessing a Killing in Public in a Danish High School", *European Journal of Psychotraumatology,* Vol.4 , 2013.

Bailey, J. E., Dawson, G. R., Dourish, C. T., Nutt, D. J., "Validating the Inhalation of 7.5% CO2 in Healthy Volunteers as a Human Experimental Medicine: A Model of Generalized Anxiety Disorder (GAD) ", *Journal of Psychopharmacology,* Vol.25, No.9, 2011, pp.1192-1198.

Bar-Haim, Y. et al., "Life-threatening Danger and Suppression of Attention Bias to Threat", *American Journal of Psychiatry,* Vol.167, No.6, 2010, pp.694-702.

Bart Borghans, Judith R., Homberg, "Animal Models for Posttraumatic Stress Disorder: An Overview of What is Used in Research", *World Journal of Psychiatry*, Vol.5, No.4, December 2015, pp.387-396.

Beard, C., Sawyer, A.T., "Hofmann SG. Efficacy of Attention Bias Modification Using Threat and Appetitive Stimuli. A Meta-analytic Review", *Behavior Therapy*,Vol.43 No.4, 2012, pp.724-740.

Beck, J. G., Freeman, J. B., Shipherd, J. C., Hamblen, J. L., Lackner, J. M. E., "Specificity of Stroop Interference in Patients with Pain and PTSD.", *Journal of Abnormal Psychology*, Vol.110, No.4, 2001, pp.536-543.

Beckers, T., Krypotos, A. M., Boddez, Y., Effing, M., Kindt, M., "What's Wrong with Fear Conditioning?", *Biological Psychology*, Vol.92, No.1, 2013, pp.90-96.

Birrer, E., Michael, T., Munsch, S.,"Intrusive Images in PSD and in Traumatised and Non-traumatised Depressed Patients: A Cross-Sectional Clinical Study", *Behaviour Research and Therapy*, Vol.45, No.9, 2007, pp.2053 - 2065.

Bisby, J. A., King, J. A., Brewin, C. R., Burgess, N., Curran, H. V.,"Acute Effects of Alcohol on Intrusive Memory Development and Viewpoint Dependence in Spatial Memory Support a Dual

Representation Model", *Biological Psychiatry*, Vol.68, No.3, 2010, pp.280-286.

Bisson Desrochers, A., Beaulieu-Prévost, D., Desautels, J., Békés, V., Belleville, G., Guay, S., "Gender and Changes in Trauma Narrative Following CBT for PTSD. Journal of Aggression", *Maltreatment & Trauma*, Vol.25, No.9, 2016, pp.974-990.

Block, S.R., Liberzon, I., "Attentional Processes in Post-traumatic Stress Disorder and the Associated Changes in Neural Functioning", *Experimental Neurology*, Vol.284, 2016, pp.153-167.

Brewin, C.R., Burgess N., "Contextualisation in the Revised Dual Representation Theory of PTSD: A Response to Pearson and Colleagues ", *Journal of Behavior Therapy & Experimental Psychiatry*, Vol.45, No.1, pp.217-219.

Brewin, C. R., Dalgleish T., Joseph S., "A Dual Representation Theory of Post-traumatic Stress Disorder ", *Psychological Review*, Vol.103, No.4, 1996, pp.670-686.

Brewin, C. R., "Episodic Memory, Perceptual Memory, and Their Interaction: Foundations for a theory of post-traumatic Stress Disorder", *Psychological Bulletin*, Vol.140, No.1, 2014, pp.69-97.

Brewin, C. R., "Prospects and Problems in Studying Traumatic Flashbacks:Reply to Kvavilashvili ", *Psychological Bulletin*, Vol.140,

No.1, 2014, pp.105-108.

Brewin, C. R.,Gregory, James D.,Lipton, Michelle,Burgess, Neil., "Intrusive Images in Psychological Disorders: Characteristics, Neural Mechanisms, and Treatment Implications ", *Psychological Review*, Vol.117, No.1, 2010, pp.210.

Brown, A. D., Addis, D. R., Romano, T. A., Marmar, C. R., Bryant, R. A., Hirst, W., & Schacter, D. L., "Episodic and Semantic Components of Autobiographical Memories and Imagined Future Events in Post-traumatic Stress Disorder", *Memory*, Vol.226, 2014, pp.595-604.

Bryant, R. A., & Harvey, A. G., "Processing Threatening Information in Post-traumatic Stress Disorder ", *Journal of Abnormal Psychology*, Vol.104, No.3, 1995, pp.537-541.

Butler, T.R., Ariwodola O.J., Weiner J.L., "The Impact of Social Isolation on HPA Axis Function, Anxiety-like Behaviors, and Ethanol Drinking", *Front Integr Neurosci*, Vol.7, 2014, pp.102.

Butler, G., Wells, A., Dewick, H., "Differential Effects of Worry and Imagery after Exposure to a Stressful Stimulus: A Pilot Study ", *Behavioural and Cognitive Psychotherapy*, Vol.23, No.1, 1995, pp.45-56.

Carolin Steuwe,Judith K. Daniels,Paul A. Frewen,Maria

Densmore, Jean Theberge, Ruth A. Lanius , "Effect of Direct Eye Contact in Women with PTSD Related to Interpersonal Trauma: Psychophysiological Interaction Analysis of Connectivity of An Innate Alarm System ", *Psychiatry Research: Neuroimaging*, Vol.232, No.2, 2015, pp.162-167.

Cassiday, K. L., Mc Nally, R., & Zeitlin, S. B., "Cognitive Processing of Trauma Cues in Rape Victims with Post-traumatic Stress Disorder ", *Cognitive Therapy and Research*, Vol.16, No.3, 1992, pp.283–295.

Catherine, L. Tegeler, Lee Gerdes, Hossam, A., Shaltout, Jared, F. , Cook, Sean, L. Simpson, Sung W., Lee and Charles, H. , "Successful Use of Closed-loop Allostatic Neurotechnology for Post-traumatic Stress Symptoms in Military Personnel: Self-reported and Autonomic Improvements", *Military Medical Research*, Vol.4, No.1, 2017, pp.38.

Chajut, E., Mama, Y., Levy, L., et al., "Avoiding the Approach Trap: A Response Bias Theory of the Emotional Stroop Effect, Learning ", *Memory*, Vol.36, No.6, 2010, pp.1567-1572.

Chou, C.Y., Marca, R.L., Steptoe, A., et al., "Biological Responses to Trauma and the Development of Intrusive Memories: An Analog Study with the Trauma Film Paradigm", *Biological*

Psychology, Vol.103, 2014, pp.135-143.

Chris, R., Brewin. "Episodic Memory, Perceptual Memory,and PTSD ", *Psychological Bulletin*, Vol.140, No.1, 2014, pp.69-97.

Chris R. Brewina, Emily A. Holmes,"Psychological Theories of Post-traumatic Stress Disorder", *Clinical Psychology Review*, Vol.23, No. 3, May 2003, pp.339-376.

Chris, R., Brewin, Tim Dalgleish, Stephen Joseph, "A Dural Representation Theory of Post-traumatic Stress Disorder.", *Psychological Review*, Vol.103, No.4, pp.670-686.

Clark, I. A., Mackay, C. E., "Mental Imagery and Post-traumatic Stress Disorder: A Neuroimaging and Experimental Psychopathology Approach to Intrusive Memories of Trauma ", *Frontiers in Psychiatry*, Vol.6, No.104, 2015, pp.104.

Cohen, H., Kaplan, Z., Matar, M.A., Loewenthal, U., Zohar, J., Richter Levin, G., "Long-lasting Behavioral Effects of Juvenile Trauma in an Animal Model of PTSD Associated with a Failure of the Autonomic Nervous System to Recover", *Eur Neuropsychopharmacol*, Vol.17, No. 6-7, 2007, pp.464-477.

Cohen, H., Zohar, J., "An Animal Model of Post-traumatic Stress Disorder: The Use of Cut-off Behavioral Criteria", *Ann N Y Acad Sci,* Vol.1032, No.1, 2005, pp.167-178.

Coombes, S. A., Higgins, T., Gamble, K. M., Cauraugh, J. H., & Janelle, C. M.,"Attentional Control Theory. Anxiety, Emotion, and Motor Planning", *Journal of Anxiety Disorders*, Vol.23, No.8, 2009, pp.1072-1079.

Corley, M.J., Caruso, M.J., Takahashi, L.K., "Stress-induced Enhancement of Fear Conditioning and Sensitization Facilitates Extinction-resistant and Habituation-resistant Fear Behaviors in a Novel Animal Model of Post-traumatic Stress Disorder", *PHYSIOLOGY & BEHAVIOR*, Vol.105, No.2, 2012, pp.408-416.

Creamer, M., Burgess, P., Pattison, P., "Reaction to Trauma: A Cognitive Processing Model", *Journal of Abnormal Psychology*, Vol.101, No.3, 1992, pp.452-459.

Cristhian Mendoza, George, E., Barreto, Marco Ávila-Rodriguez, Valentina Echeverria, "Role of Neuroinflammation and Sex Hormones in War-related PTSD", *Molecular and Cellular Endocrinology,* Vol.434, No.434, October 2016, pp.266-277.

Cui, H., Chen, G., Liu, X., Shan, M., & Jia, Y., "Stroop-interference Effect in Post-traumatic Stress Disorder", *Journal of Integrative Neuroscience,* Vol.13, No.04, 2014, pp.595-605.

Cusack Karen,Jonas Daniel E., Forneris Catherine A., Wines Candi, Sonis Jeffrey, Middleton Jennifer Cook, Feltner Cynthia,

Brownley Kimberly A., Olmsted Kristine Rae, Greenblatt Amy, Weil Amy, Gaynes Bradley, N., "Psychological Treatments for Adults with Post-traumatic Stress Disorder: A Systematic Review and Meta-analysis ", *Clinical Psychology Review*, Vol.43, 2016, pp.128-141.

Daniela Rabellino, Maria Densmore, Paul, A., Frewen, Jean Théberge, Ruth, A. Lanius , "The Innate Alarm Circuit in Post-traumatic Stress Disorder: Conscious and Subconscious Processing of fear and trauma-related Cues ", *Psychiatry Research: Neuroimaging*, Vol.248, 2016, pp.142-150.

Davis, J. J., Walter, K. H., Chard, K. M., Parkinson, R. B., Houston, W. S., "Treatment Adherence in Cognitive Processing Therapy for Combat-related PTSD with History of Mild TBI ", *Rehabilitation Psychology* , Vol.58, No.1, 2013, pp.36-42.

Davis, M. I., & Clark, D. M., "Predictors of Analogue Post-traumatic Intrusive Cognitions", *Behavioural and Cognitive Psychotherapy*, Vol.26, No.4, 1998, pp.303-314.

Dell'Osso, L., Carmassi, C., Massimetti, G., Stratta, P., Riccardi, I., Capanna, C., et al., "Age, Gender and Epicenter Proximity Effects on Post-traumatic Stress Symptoms in L'Aquila 2009 Earthquake Survivors", *Journal of Affective Disorders*, Vol.146, No.2, 2013, pp.174-180.

Derryberry, D., & Reed, M. A., "Anxiety-related Attentional Biases and Their Regulation by Attentional Control", *Journal of Abnormal Psychology*, Vol.111, No.2, 2002, pp.225-236.

Dora Lopresto Pieter Schipper Judith R., Homberg, "Neural Circuits and Mechanisms Involved in Fear Generalization: Implications for the Pathophysiology and Treatment of Post-traumatic Stress Disorder" , *Neuroscience and Biobehavioral Reviews*, Vol.60, 2016, pp.31-42.

Dzenana Kartal , Nathan Alkemade ,Maurice Eisenbruch,& David Kissane., "Traumatic Exposure, Acculturative Stress and Cultural Orientation: The Influence on PTSD, Depressive and Anxiety Symptoms among Refugees ", *Social Psychiatry and Psychiatric Epidemiology*, Vol.53, No.9, September 2018, pp.931-941.

Ehlers, A., & Clark, D. M.," A Cognitive Model of Post-traumatic Stress Disorder", *Behaviour Research & Therapy* Vol.38, No.4, 2000, pp.319–345.

Ehlers, A., Hackmann, A., & Michael, T., "Intrusive Re-experiencing in Post-traumatic Stress Disorder. Phenomenology, Theory, and Therapy ", *Memory*, Vol.12, No.4, 2004, pp.403-415.

Ella L. James,Alex Lau-Zhu, Ian A. Clark, Renée M. Visser, Muriel A. Hagenaars, Emily A. Holmes., "The Trauma Film Paradigm as an Experimental Psychopathology Model of Psychological Trauma: Intrusive Memories and Beyond ", *Clinical Psychology Review*, Vol.47, 2016, pp.106-142.

Emilien, G., Penasse, C., Charles, G., Martin, D., Lasseaux, L., Waltregny, A., "Post-traumatic Stress Disorder: Hypotheses from Clinical Neuropsychology and Psychopharmacology Research ", *International Journal of Psychiatry in Clinical Practice*, Vol.4, No.1, 2000, pp.3-18.

Laila,F.,Souha,F.,&Carmen,H., "PTSD and Gender: Could Gender Differences in War Trauma Types, Symptom Clusters and Risk Factors Predict Gender Differences in PTSD Prevalence?", *Archives of Women's Mental Health*, Vol.21, No.6, 2018, pp.725-733.

Flaks, M. K., Malta, S. M., Almeida, P. P., Bueno, O. F., Pupo, M. C., Andreoli, S. B., et al., "Attentional and Executive Functions are Differentially Affected by Post-traumatic Stress Disorder and Trauma", *Journal of Psychiatric Research*, Vol.48, No.1, 2014, pp.32-39.

Foa, E. B., Kozak, M. J., "Emotional Processing of Fear: Exposure to Corrective Information ", *Psychological Bulletin*, Vol.99, No.1, 1986, pp.20-35.

Foa, E. B., Street, G. P. J. T. J. o. c. p,"Women and Traumatic Events",*The Journal of Clinical Psychiatry*, Vol.62, No.17, 2001, pp.29-34.

Foa, E. B., Feske, U., Murdock, T. B., Kozak, M. J., Mc Carthy, P. R., "Processing of Threat-related Information in Rape Victims ", *Journal of Abnormal Psychology*, Vol.100, No.2, 1991, pp.156-162.

Foa, E. B., Steketee, G., Rothbaum, B. O., "Behavioral/cognitive Conceptualisation of Post-traumatic Stress Disorder ", *Behavior Therapy*, Vol.20, No.2, 1989, pp.155-176.

Foa, E. B., Zinbarg R., Rothbaum B.O., "Uncontrollability and Unpredictability in Post-traumatic Stress Disorder: An Animal Model", *Psychology Bulletin*, Vol.112, No.2, 1992, pp.218-238.

Gamwell, K., Nylocks, M., Cross, D., Bradley, B., Norrholm, S. D., & Jovanovic, T. J. D., "Fear Conditioned Responses and PTSD Symptoms in Children: Sex Differences in Fear-related Symptoms", *Developmental Psychobiology*, Vol.57, No.7, 2015, pp.799-808.

Garza, K., Jovanovic, T. J. C. p. r, "Impact of Gender on Child and Adolescent PTSD", *Current Psychiatry Reports*, Vol.19, No.11, 2017, pp.87.

Gerald Young, "PTSD in Court II: Risk Factors, Endophenotypes, and Biological Underpinnings in PTSD", *International Journal of Law and Psychiatry*, Vol.51, 2007, pp.1-21.

Glazer, D. A., Mason, O., King, J. A., Brewin, C. R., "Contextual

Memory, Psychosis Proneness, and the Experience of Intrusive Imagery", *Cognition and Emotion,* Vol.27, No.1, 2013, pp.150-157.

Grabe H.J., Spitzer C., Schwahn C., Marcinek A., Frahnow A., Barnow S., Lucht M., Freyberger H.J., John U., Wallaschofski H., Völzke H., Rosskopf D., "Serotonin Transporter Gene (SLC6A4) Promoter Polymorphisms and the Susceptibility to Post-traumatic Stress Disorder in the General Population", *Am J Psychiatry,* Vol.166, No.8, 2009, pp.926-933.

Gradus, J. L., Leatherman, S., Curreri, A., Myers, L. G., Ferguson, R., Miller, M. a, "Gender Differences in Substance Abuse, PTSD and Intentional Self-harm among Veterans Health Administration Patients", *Drug and Alcohol Dependence,* Vol.171, 2017, pp.66-69.

Greenwald, R., Rubin, A., "Assessment of Post-traumatic Symptoms in Children. Development and Preliminary Validation of Parent and Child Scales", *Research on Social Work Practice,* Vol.9, No.1, 1999, pp.61-75.

Guttmacher, L. B., Murphy, D. L., Insel, T. R., "Pharmacologic Models of Anxiety ", *Comprehensive Psychiatry,* Vol.24, No.4, 1983, pp.312–326.

Haddad, A. D. M., Lissek, S., Lau, J. Y. F., "Trait Anxiety

and Fear Responses to Safety Cues: Stimulus Generalization or Sensitization?", *Journal of Psychopathology & Behavioral Assessment*, Vol.34, No.3, 2012, pp.323-331.

Hagenaars, M. A., Putman, P., "Attentional Control Affects the Relationship between Tonic Immobility and Intrusive Memories", *Journal of Behavior Therapy and Experimental Psychiatry*, Vol.42, No.3, 2011, pp.379-383.

Halligan, S. L., Clark, D. M., & Ehlers, A., "Cognitive Processing, Memory, and the Development of PTSD Symptoms. Two Experimental Analogue Studies", *Journal of Behavior Therapy and Experimental Psychiatry*, Vol.33, No.2, 2002, pp.73-89.

Harvey, A. G., Bryant, R. A., & Rapee, R. M., "Preconscious Processing of Threat in Post-traumatic Stress Disorder", *Cognitive Therapy and Research*, Vol.20, No.6, 1996, pp.613–623.

Helfinstein, S.M., White, L.K., Bar-Haim, Y., et al., "Affective Primes Suppress Attention Bias to Threat in Socially Anxious Individuals", *Behaviour Research and Therapy*, Vol.46, No.7, 2008, pp.799-810.

Herringa, R. J., Birn, R. M., Ruttle, P. L., Burghy, C. A., Stodola, D. E., Davidson, R. J., & Essex, M., "Childhood Maltreatment is Associated with Altered Fear Circuitry and Increased Internalizing

Symptoms by Late Adolescence", *Proceedings of the National Academy of Sciences of the United States of America*, Vol.110, No.47, 2013, pp.19119-19124.

Holmes E. A., Bourne C., "Inducing and Modulating Intrusive Emotional Memories: A Review of the Trauma Film Paradigm", *Acta Psychol*, Vol.127, No.3, 2008, pp.553-566.

Holmes, A., Nielsen, M. K., & Green, S., "Effects of Anxiety on the Processing of Fearful and Happy Faces. An Event-related Potential Study", *Biological Psychology*, Vol.77, No.2, 2008, pp.159-173.

Holmes, E. A., Brewin, C. R., Hennessy, R. G., "Trauma Films, Information Processing, and Intrusive Memory Development", *Journal of Experimental Psychology: General*, Vol.133, No.1, 2004, pp.3-22.

Hommer, R. E., Meyer, A., Stoddard, J., Connolly, M. E., Mogg, K., Bradley, B. P., et al.," Attention Bias to Threat Faces in Severe Mood Dysregulation", *Depression and Aanxiety*, Vol.31, No.7, 2014, pp.559-565.

Horowitz, M. J. , "Psychic Trauma: Return of Images after a Stress Film ", *Archives of General Psychiatry*, Vol.20, No.5, 1969, pp.552-559.

Horowitz, M. J., "Intrusive and repetitive thoughts after

experimental stress.", *Archives of General Psychiatry*, Vol.32, No.11, 1975, pp.1457-1463.

Horowitz, M. J., *Stress Response Syndromes*, New York: Jason Aronson, Vol.31, No.6, 1986, p.768.

Horowitz, M. J., Becker, S. S., "Cognitive Response to Erotic and Stressful Films", *Archives of General Psychiatry*, Vol.29, No.1, 1973, pp.81-84.

Horowitz, M. J., Becker, S. S., "Cognitive Response to Stress and Experimental Demand", *Journal of Abnormal Psychology*, Vol.78, No.1, 1971, pp.86-92.

Horowitz, M. J., Becker, S. S., "Cognitive Response to Stressful Stimuli", *Archives of General Psychiatry*, Vol.25, 1971, pp.419-428.

Horowitz, M. J., Becker, S. S., "The Compulsion to Repeat Trauma: Experimental Study of Intrusive Thinking after Stress", *Journal of Nervous and Mental Disease*, Vol.152, No.1, 1971, pp.32-40.

Horowitz, M. J., Becker, S. S., Moskowitz, M. L., Rashid, K., "Intrusive Thinking in Psychiatric Patients after Stress", *Psychological Reports*, Vol.31, No.1, 1972, pp.235-238.

Horowitz, M. J., Wildner, N., "Stress Films, Emotion, and Cognitive Response", *Archives of General Psychiatry*, Vol.33, No.11,

1976, pp.1339-1344.

Hourani, L., Williams, J., Bray, R., Kandel, D., "Gender Differences in the Expression of PTSD Symptoms among Active Duty Military Personnel", *Journal of Anxiety Disorders,* Vol.29, 2015, pp.101-108.

Imanaka A., Morinobu S., Toki S., Yamawaki S., "Importance of Early Environment in the Development of Post-traumatic Stress Disorderlike Behaviors", *Behav Brain Res*, Vol.173, No.1, 2006, pp.129-137.

Isaac Claire L., Cushway Delia, Jones Gregory V., "Is Post-traumatic Stress Disorder Associated with Specific Deficits in Episodic memory?", *Clinical Psychology Review*, Vol.26, No.8, 2006, pp.0-955.

Ivanna Shubina, "Cognitive-behavioral Therapy of Patients with PTSD: Literature Review", *Procedia - Social and Behavioral Sciences*, Vol.165, 2015, pp.208-216.

James Abel, Fredrick Sonter Anongo, Binan Evans Dami, Aboh James Ogbole, Atsibi Abe, Zubairu Kwambo Dagona, "Combat Exposure and Peritraumatic Factors Predicting PTSD among Military Personnel Fighting Insurgency in Nigeria", *Journal of Anxiety & Depression*, Vol.1, 2018, pp.1-11.

Janoff-Bulman R., "Shattered Assumptions: Towards a New Psychology of Trauma", New York: Free Press, 1992.

Jason C. Lee, Lei Philip Wang, Joe Z. Tsien, "Dopamine Rebound-excitation Theory: Putting Brakes on PTSD", *Frontiers in Psychiatry*, Vol.44, 2016, p.10.

Jin, Y., Xu, J., Liu, D., "The Relationship between Post-traumatic Stress Disorder and Post-traumatic Growth. Gender Differences in PTG and PTSD Subgroups", *Social Psychiatry and Psychiatric Epidemiology*, Vol.49, No.12, 2014, pp.1903-1910.

Kessler, R. C., Sonnega, A., Bromet, E., Hughes, M., & Nelson, C. B., "Post-traumatic Stress Disorder in the National Comorbidity Survey", *Archives of General Psychiatry*, Vol.52, No.12, 1995, pp.1048-1060.

Jing-na Zhang, Kun-lining Xiong, Ming-guo Qiu, Ye Zhang, Bing Xie, Jian Wang, Min Li, Han Chen, Yu Zhang, Jia-jia Zhang, "Negative Emotional Distraction on Neural Circuits for Working Memory in Patients with Post-traumatic Stress Disorder", *Brain Research*, Vol.1531, 2013, pp.94-101.

Judge, J., & Taylor, P. J.,"Gender Differences on the Semantic Flanker Task Using Transposed-letter Target Words", *The Quarterly Journal of Experimental Psychology*, Vol.65, No.10, 2012, pp.2008-

2017.

Kamboj S.K., Oldfield L., Loewenberger A., et al., "Voluntary and Involuntary Emotional Memory Following an Analogue Traumatic Stressor. The Differential Effects of Communality in Men and Women", *Journal of Behavior Therapy and Experimental Psychiatry*, Vol.45, No.4, 2014, pp.421-426.

Kamboj, S. K., Curran, H. V., "Neutral and Emotional Episodic Memory: Global Impairment after Lorazepam or Scopolamine", *Psychopharmacology*, Vol.188, No.4, 2006, pp.482-488.

Kaspi, S. P., McNally, R. J., Amir, N., "Cognitive Processing of Emotional Information in Post-traumatic Stress Disorder", *Cognitive Therapy and Research*, Vol.19, No.4, 1995, pp.433-444.

Katherine Hobbs, "Which Factors Influence the Development of Post-traumatic Stress Disorder in Patients with Burn Injuries? A Systematic Review of the Literature", *Journal of the International Society for Burn Injuries,* Vol.41, No.3, 2015, pp.421-430.

Khan S., Liberzon I., "Topiramate Attenuates Exaggerated Acoustic Startle in an Animal Model of PTSD ", *Psychopharmacology*, Vol.172, No.2, 2004, pp.225-229.

Kimerling, R., Allen, M. C., & Duncan, L. E.,"Chromosomes to Social Contexts. Sex and Gender Differences in PTSD", *Current*

Psychiatry Reports, Vol.20, No.12, 2018, pp.114.

Kleim, B., Ehring, T., Ehlers, A., "Perceptual Processing Advantages for Trauma-related Visual Cues in Post-traumatic Stress Disorder", *Psychological Medicine*, Vol.42, No.1, 2012, pp.9.

Knox D., George S.A., Fitzpatrick C.J., Rabinak C.A., Maren S., Liberzon I., "Single Prolonged Stress Disrupts Retention of Extinguished Fear in Rats", *Learn & Memorg*, Vol.19, No.2, 2012, pp. 43-49.

Kruger, D., Swanepoel, M., "Gluing the Pieces Together: Female Adolescents' Construction of Meaning Through Digital Metaphoric Imagery in Trauma Therapy", *The Arts in Psychotherapy*, Vol.54, 2017, pp.92-104.

Kunze, A. E., Arntz, A., Kindt, M., "Fear Conditioning with Film Clips: A Complex Associative Learning Paradigm", *Journal of Behavior Therapy and Experimental Psychiatry*, Vol.47, 2015, pp.42-50.

Kvavilashvili Lia, "Solving the Mystery of Intrusive Flashbacks in Post-traumatic Stress Disorder: Comment on Brewin", *Psychological Bulletin,* Vol.140, No.1, 2014, pp.98.

Larner, B., Blow, A., "A Model of Meaning-making Coping and Growth in Combat Veterans", *Review of General Psychology,* Vol.15,

No.3, 2011, pp.187-197.

Lauren A. M. Lebois, Jonathan D. Wolff, & Kerry J. Ressler, "Neuroimaging Genetic Approaches to Post-traumatic Stress Disorder", *Experimental Neurology*, Vol.284, 2016, pp.141-152.

Lazarus, R. S., Alfert, E., "The Short-circuiting of Threat by Experimentally Altering Cognitive Appraisal", *Journal of Abnormal and Social Psychology*, Vol.69, 1964, pp.196-205.

Lazarus, R. S., Opton, E. M., "The Study of Psychological Stress: A Summary of Theoretical Formulations and Experimental Findings In C. D. Spielberger (Ed.)", *Anxiety and Behaviour*, New York: Academic Press, Vol.54, No.1, 1966, pp.265-262.

Lazarus, R. S., Opton, E. M., Nomikos, M. S., Rankin, N. O., "The Principle of Short-circuiting of Threat: Further Evidence", *Journal of Personality*, Vol.33, No.4, 1965, pp.622-635.

Lebow, M., Neufeld-Cohen, A., Kuperman, Y., Tsoory, M., Gil, S., Chen, A., "Susceptibility to PTSD-like Behavior is Mediated by Corticotropin-releasing Factor Receptor Type 2 Levels in the Bed Nucleus of the Stria Terminalis", *J Neurosci*, Vol.32, No.20, 2012, pp.6906-6916.

Le Doux, J. E., "Coming to Terms with Fear", *Proceedings of the National Academy of Sciences*, Vol.111, No.8, 2014, pp.2871-2878.

Lei Zhang, Xiao-Xia Li, Xian-Zhang Hu, "Post-traumatic Stress Disorder Risk and Brain-derived Neurotrophic Factor Val.66 Met", *World Journal of Psychiatry*, Vol.6, No.1, March 2016, pp.1-6.

Liat Helpman, Marie-France Marin, Santiago Papini, et al., "Neural Changes in Extinction Recall Following Prolonged Exposure Treatment for PTSD: A Longitudinal fMRI Study", *Neuro Image:Clinical,* Vol.12, February 2016, pp.715-723.

Liberzon, I., Krstov, M., Young, E.A., "Stress-restress: Effects on ACTH and Fast Feedback", *Psychoneuroendocrinology*, Vol.22, No.6, 1997, pp. 443-453.

Liberzon I., Taylor S.F., Amdur R., Jung T.D., Chamberlain K.R., Minoshima S., Koeppe R.A., Fig L.M., "Brain Activation in PTSD in Response to Trauma-related Stimuli", *Biological Psychiatry*, Vol.45, No.7, 1999, pp.817.

Linda J., Levinea and Robin S., Edelstein,"Emotion and Memory Narrowing: A Review and Goal-relevance Approach", *Cognition and Emotion,* Vol.23, No. 5, 2009, pp.833-875.

Linda L., Chao, Kristine Yaffe, Kristin Samuelson, & Thomas C. Neylan., "Hippocampal Volume is Inversely Related to PTSD Duration", *Psychiatry Research*, Vol.222, No.3, June2014, pp.119-123.

MacLeod, C., "The Stroop Task in Clinical Research", in:

参考文献

A. Wenzel & D. C. Rubin(eds.), *Cognitive Methods and Their Application to Clinical Research*, Washington DC: American Psychological Association 2005, pp.41-62.

Margaret McLafferty, Siobhan O'Neill, Cherie Armour, Sam Murphy, Finola Ferry, Brendan Bunting., "The Impact of Childhood Adversities on the Development of Post-traumatic Stress Disorder (PTSD) in the Northern Ireland Population", *European Journal of Trauma & Dissociation.*, Vol.3, No.2, May 2019, pp.135-141.

Matthew G. Whalley, Marijn C.W. Kroes, Zoe Huntley, Michael D. Rugg, Simon W. Davisd and Chris R. Brewin, "An fMRI Investigation of Post-traumatic Flashbacks", *Brain and Cognition,* Vol.81, No.1, 2013, pp.151-159.

Matthew O., Kimble, B., Christopher Frueh, Libby Marks, "Does the Modified Stroop Effect Exist in PTSD? Evidence from Dissertation Abstracts and the Peer Reviewed Literature", *Journal of Anxiety Disorders,* Vol.23, No.5, 2009, pp.0-655.

McNally, R. J., "Experimental approaches to Cognitive Abnormality in Post-traumatic Stress Disorder", *Clinical Psychology Review*, Vol.18, No.8, 1998, pp.971-982.

McNally, R. J., Kaspi, S. P., Riemann, B. C., Zeitlin, S. B., "Selective Processing of Threat Cues in Post-traumatic Stress

Disorder", *Journal of Abnormal Psychology,* Vol.99, No.4, 1990, pp.398-402.

Michael K. Suvak, Lisa Feldman Barrett, "Considering PTSD from the Perspective of Brain Processes: A Psychological Construction Approach", *Journal of Traumatic Stress,* Vol.24, 2011, pp.3-24.

Michopoulos, V., Vester, A., Neigh, G., "Post-traumatic Stress Disorder: A Metabolic Disorder in Disguise?", *Experimental Neurology,* Vol.284, October 2016, pp.220-229.

Monds L.A., Paterson H.M., Kemp R.I., et al., "Do Distress Responses to a Traumatic Film Predict Susceptibility to the Misinformation Effect?", *Journal of Trauma and Dissociation,* Vol.14, No.5, 2013, pp.562-575.

Moradi, A. R., Taghavi, M. R., Heshat Doost, H. T., Yule, W., Dalgleish, T., "Performance of Children and Adolescents with PTSD on the Stroop Colour-naming Task", *Psychological Medicine,* Vol.29, No.2, 1999, pp.415-419.

Naama Shafran, Golan Shahar, Ety Berant, Eva Gilboa-Schechtman, "Representations of Self and Parents, and Relationship Themes, in Adolescents with Post Traumatic Stress Disorder (PTSD)", *Abnorm Child Psychol,* Vol.44, No.5, 2016, pp.887-899.

Nicolson, N. A., & Ponnamperuma, T. J. P., "Gender Moderates

Diurnal Cortisol in Relation to Trauma and PTSD Symptoms. A study in Sri Lankan Adolescents", *Psychoneuroendocrinology*, Vol.104, 2019, pp.122-131.

Noga Tsura, Ruth Defrin, Yael Lahava, Zahava Solomon, "The Traumatized Body: Long-term PTSD and Its Implications for the Orientation Towards Bodily Signals", *Psychiatry Research*, Vol.261, 2018, pp.281-289.

Norr, A. M., Albanese, B. J., Boffa, J. W., Short, N. A., Schmidt, N. B.,"The Relationship between Gender and PTSD Symptoms. Anxiety Sensitivity as a Mechanism",*Personality and Individual Differences*,Vol.90, 2016, pp.210-213.

Park, C. L., Gutierrez, I. A., "Global and Situational Meanings in the context of Trauma: Relations with Psychological Well-being", *Counselling Psychology Quarterly*, Vol.26, No.1, 2013, pp.8-25.

Pearson, D. G., Ross, F. D. C., Webster, V. L., "The Importance of Context: Evidence that Contextual Representations Increase Intrusive Memories", *Journal of Behavior Therapy & Experimental Psychiatry*, Vol.43, No.1, 2012, pp.573-580.

Pearson, D. G.,"Contextual Representations Increase Analogue Traumatic In-trusions: Evidence Against a Dual-representation Account of Peri-traumaticprocessing", *Journal of Behavior Therapy and Experimental Psychiatry*, Vol.43, No.4, 2012, pp.1026-1031.

Perez, D. L., Matin, N., Barsky, A., Costumero-Ramos, V., Makaretz, S. J., Young, S. S., Dickerson, B. C.,"Cingulo-insular Structural Alterations Associated with Psychogenic Symptoms, Childhood Abuse and PTSD in Functional Neurological Disorders", Journal of Neurology, *Neurosurgery & Psychiatry*,Vol.88, No.6, 2017, pp.491-497.

Pibiri F., Nelson M., Guidotti A., Costa E., Pinna G., "Decreased Corticolimbic Allopregnanolone Expression During Social Isolation Enhances Contextual Fear: A Model Relevant for Post-traumatic Stress Disorder", *Proc Natl Acad Sci USA*, Vol.105, No.14, 2008, pp.5567-5572.

Pine, D. S., Lissek, S., Klein, R. G., Mannuzza, S., Rd, M. J., Guardino, M., et al., "Face-memory and Emotion: Associations with Major Depression in Children and Adolescents", *Journal of Child Psychology & Psychiatry*, Vol.45, No.7, 2010, pp.1199-1208.

Pineles, S. L., Hall, K. A. A., & Rasmusson, A. M. J. C. o. i. p, "Gender and PTSD: Different Pathways to a Similar Phenotype", *Current Opinion in Psychology*,Vol.14, 2017, pp.44-48.

Raskind, M.A., Peterson, K., Williams,T., Hoff D.J., Hart K., Holmes H., Peskind E.R., "A Trial of Prazosin for Combat Trauma

PTSD With Nightmares in Active-Duty Soldiers Returned From Iraq and Afghanistan", *American Journal of Psychiatry*, Vol.170, No.9, 2013, pp.1003-1010.

Rau V., DeCola J.P., Fanselow M.S., "Stress-induced Enhancement of Fear Learning: An Animal Model of Post-traumatic Stress Disorder", *Neurosci Biobehav Rev*, Vol.29, No.8, 2005, pp.1207-1223.

Rauch S., Foa E., "Emotional Processing Theory (EPT) and Exposure Therapy for PTSD", *Journal of Contemporary Psychotherapy,* Vol.36, No.2, 2006, pp.61-65.

Regambal M.J., Alden L.E., "The Contribution of Threat Probability Estimates to Reexperiencing Symptoms. A Prospective Analog Study",*Journal of Behavior Therapy and Experimental Psychiatry*, Vol.43, No.3, 2012, pp.947-951.

Reiss, S., Peterson, R. A., Gursky, D. M., McNally, R.J., "Anxiety Sensitivity, Anxiety Frequency and the Prediction of Fearfulness", *Behaviour Research and Therapy*, Vol.24, No.1, 1986, pp.1-8.

Richter-Levin G., "Acute and Long-term Behavioral Correlates of Underwater Trauma–potential Relevance to Stress and Post-stress Syndromes", *Psychiatry Res* , Vol.79, No.1, 1998, pp.73-83.

Ruby Charak, Cherie Armour, Ask Elklit, Disket Angmo, Jon

D. Elhai, Hans M. Koot1, "Factor Structure of PTSD, and Relation with Gender in Trauma Survivors from India", *European Journal of Psychotraumatology*, Vol.5, No.1, 2014, p.25547.

Ruth A. Lanius, Daniela Rabellino, Jenna E. Boyd, Sherain Harricharan, Paul A. Frewen, Margaret C. McKinnon., "The Innate Alarm System in PTSD: Conscious and Subconscious Processing of Threat", *Current Opinion in Psychology*, Vol.14, 2017, pp.109-115.

Schmidt, N. B., Koselka, M., "Gender Differences in Patients with Panic Disorder. Evaluating Cognitive Mediation of Phobic Avoidance",*Cognitive Therapy and Research*, Vol.24, No.5, 2000, pp.533-550.

Sherain Harricharan, Daniela Rabellino, Paul Frewen, Maria Densmore, Jean Theberge, Allan Schore, & Ruth Lanius, "Resting State Functional Connectivity of the Innate Alarm System in PTSD", *Biological Psychiatry,* Vol.81, No.10, 2017, pp.168-169.

Sherain Harricharan,Daniela Rabellino,Paul Frewen,Maria Densmore,Jean Theberge, Allan Schore, & Ruth Lanius, "Resting State Functional Connectivity of the Innate Alarm System in PTSD", *Biological Psychiatry,* Vol.81, No.10, 2017, pp.168-169.

Shvil, E., Sullivan, G. M., Schafer, S., Markowitz, J. C., Campeas, M., Wager, T. D., & Neria, Y., "Sex Differences in

Extinction Recall in post-traumatic Stress Disorder: A Pilot fMRI study", *Neurobiology of Learning and Memory,* Vol.113, 2014, pp.101-108.

Speisman, J. C., Lazarus, R. S., Mordkoff, A., & Davison, L., "Experimental Reduction of Stress Based on Ego-defense Theory", *Journal of Abnormal and Social Psychology,* Vol.68, No.4, 1964, pp.367-380.

Stefan Roepke, Marie-Luise Hansen, Anita Peter, Angela Merkl, Carla Palafox, Heidi Danker-Hopfe, "Nightmares that Mislead to Diagnosis of Reactivation of PTSD", *European Journal of Psychotraumatology,* Vol.4, No.1, 2013, pp.1-6.

Steger, M. F., & Park, C. L., "The Creation of Meaning Following Trauma: Meaning Making and Trajectories of Distress and Recovery", in R. A. McMackin, E. Newman, J. M. Fogler, & T. M. Keane (eds.), Trauma Therapy in Context: The Science and Craft of Evidence-based Practice, Washington, DC, US: American Psychological Association 2012, pp.171-191.

Stein, M. B., Walker, J. R., Forde, D. R., "Gender Differences in Susceptibility to Post-traumatic Stress Disorder", *Behaviour Research and Therapy,* Vol.38, No.6, 2000, pp. 619-628.

Stevens, J. S., Hamann, S. J. N., "Sex Differences in Brain

Activation to Emotional Stimuli: A Meta-analysis of Neuroimaging Studies", *Neuropsychologia*, Vol.50, No.7, 2012, pp.1578-1593.

Stuart, A. D. P., Holmes, E. A., & Brewin, C. R., "The Influence of a Visuospatial Grounding Task on Intrusive Images of a Traumatic Film", *Behaviour Research and Therapy*, Vol.44, No.4, 2006, pp.611-619.

Sündermann O., Hauschildt M., Ehlers A., "Perceptual Processing During Trauma, Priming and the Development of Intrusive Memories", *Journal of Behavior Therapy and Experimental Psychiatry*, Vol.44, No.2, 2013, pp.213-220.

Suzanne L. Pineles, Kimberly A., Arditte Hall, Ann M. Rasmusson, "Gender and PTSD: Different Pathways to a Similar Phenotype", *Current Opinion in Psychology*, Vol.14, 2016, pp.44-48.

Teasdale, J. D., Segal, Z., & Williams, J. M. G., "How does Cognitive Therapy Prevent Depressive Relapse and Why Should Attentional Control (Mindfulness) Training Help?", *Behaviour Research and Therapy*, Vol.33, No.1, 1995, pp.25-39.

Thakur G.A., Joober R., Brunet A., "Development and Persistence of Post-traumatic Stress Disorder and the 5-HTTLPR Polymorphism", *J Trauma Stress*, Vol.22, No.3, 2010, pp.240-243.

Thrasher, S. M., Dalgleish, T., Yule, W., "Information processing in Post-traumatic Stress Disorder", *Behaviour Research and Therapy*, Vol.32, No.2, 2016, pp.247-254.

Vallès A., Martí O., Armario A.,"Long-term Effects of a Single Exposure to Immobilization: A c-fos mRNA Study of the Response to the Homotypic Stressor in the Rat Brain", *J Neurobiol* ,Vol.66, No.6, 2006, pp. 591-602.

Van den Berg, L. J., Tollenaar, M. S., Spinhoven, P., Penninx, B. W., & Elzinga, B. M. J. E. J. o. P. A ,"New Perspective on PTSD Symptoms after Traumatic vs Stressful Life Events and the Role of Gender", *European Journal of Psychotraumatology*, Vol.8, No.1, 2017, p.1380470.

Van der Meer, C. A., Bakker, A., Smit, A. S., van Buschbach, S., den Dekker, M., Westerveld, G. J., Olff,M., "Gender and Age Differences in Trauma and PTSD among Dutch Treatment-seeking Police Officers", *The Journal of Nervous and Mental Disease*, Vol.205, No.2, 2017, pp.87-92.

Van Schie K., Engelhard I., van den H.M., "Taxing Working Memory during Retrieval of Emotional Memories Does Not Reduce Memory Accessibility When Cued with Reminders", *Frontiers in Psychiatry*, Vol.6, 2015, p.16.

Vervliet, B., Raes, F., "Criteria of Validity in Experimental

Psychopathology: Application to Models of Anxiety and Depression", *Psychological Medicine*, Vol.43, No.11, 2013, pp.2241-2244.

Verwoerd, J., Wessel, I., de Jong, P. J., & Nieuwenhuis, M. M. W., "Preferential Processing of Visual Trauma-film Reminders Predicts Subsequent Intrusive Memories", *Cognition & Emotion*, Vol.23, No.8, 2009, pp.1537-1551.

Vogt, D. S., King, D. W., King, L. A., "Risk Pathways for PTSD: Making Sense of the Literature", in M. J. Friedman, T. M. Keane, & P. A. Resick (eds.), *Handbook of PTSD: Science and Practice* (2nd ed.). New York: Guilford Press, 2014, pp.146-165.

Wald I., Lubin G., Holoshitz Y., et al., "Attention Bias away from Threat during Life Threatening Danger Predicts PTSD Symptoms at one-year Follow-up", *Depression and Anxiety*, Vol.28, No.5, 2011, pp.406-411.

Wald, I., et al., "Battlefield-like Stress Following Simulated Combat and Suppression of Attention Bias to Threat", *Psychological Medicine*, Vol.41, No.4, 2011, pp.699-707.

Wegerer, M., Blechert, J., Kerschbaum, H., Wilhelm, F. H., "Relationship between Fear Conditioning and Aversive Memories: Evidence from a Novel Conditionedintrusion Paradigm", *PloS One*, Vol.8, No.11, 2013, p79025.

Wessel, I., Overwijk, S., Verwoerd, J., & de Vrieze, N., "Pre-stressor Cognitive Control is Related to Intrusive Cognition of a Stressful Film, *Behaviour Research and Therapy*, Vol.46, No.4, 2008, pp.496-513.

Whitaker A.M., Gilpin N.W., Edwards, S., "Animal Models of Post-traumatic Stress Disorder and Recent Neurobiological Insights", *Behav Pharmacol*, Vol.25, No.6, 2014, pp.398-409.

Williams, J. M., Mathews, A., MacLeod, C., "The Emotional Stroop Task and Psychopathology", *Psychological Bulletin*, Vol.120, No.1, 1996, pp.3-24.

Xie, P., Kranzler, H.R., Poling,J., Stein,M.B., Anton,R.F., Brady,K., Weiss,R.D., Farrer L., Gelernter , "Interactive Effect of Stressful Life Events and the Serotonin Transporter 5-HTTLPR Genotype on Post-traumatic Stress Disorder Diagnosis in 2 Independent Populations", *Arch Gen Psychiatry* , Vol.66, No.11, 2009, pp.1201-1209.

Yan Fu, Yongshun Chen, Jin Wang, Xiaohui Tang, Jieyun He, Miaorui Jiao, Chunhua Yu, Guiying You and Junying Li, "Analysis of Prevalence of PTSD and Its Influencing Factors among College Students after the Wenchuan Earthquake", *Child and Adolescent Psychiatry and Mental Health*, Vol.7, No.1, 2013, pp.1.

Yehuda, R., Antelman, S.M., "Criteria for Rationally Evaluating Animal Models of Post-traumatic Stress Disorder ", *Biol Psychiatry*, Vol.44, No.7, 1993, pp.479-86.

Yehuda, R., Southwick, S.M., Krystal, J.H., Bremner, D., Charney, D.S., Mason, J.W., "Enhanced Suppression of Cortisol Following Dexamethasone Administration in Post-traumatic Stress Disorder", *Am J Psychiatry*, Vol.150, No.1, 1993, pp.83-86.

Yochai Ataria, "Post-traumatic Stress Disorder: A Theory of Perception", *Body, Move Ment and Dance in Psychotherapy*, Vol.11, No.1, 2016, pp.19-30.

Yücel, M., Fornito, A., Youssef, G., Dwyer, D., Whittle, S., Wood, S. J., et al., "Inhibitory Control in Young Adolescents. The Role of Sex, Intelligence, and Temperament", *Neuropsychology*, Vol.26, No.3, 2012, pp.347-356.

Zoladz P.R., Fleshner M., Diamond D.M., "Differential Effectiveness of Tianeptine, Clonidine and Amitriptyline in Blocking Traumatic Memory Expression, Anxiety and Hypertension in an Animal Model of PTSD", *Prog Neuropsychopharmacol Biol Psychiatry*, Vol.44, 2013, pp.1-16.

Zurrón, M., Lindín, M., Galdo-Alvarez, S., & Díaz, F., "Age-related Effects on Event-related Brain Potentials in a Congruence/

Incongruence Judgment Color-word Stroop Task", *Frontiers in Aging Neuroscience*, Vol.6, 2014, pp.128-128.

Zvolensky, M. J., Lejuez, C. W., Stuart, G. L., Curtin, J. J., "Experimental Psychopathology in Psychological Science", *Review of General Psychology,* Vol.5, No.4, 2001, pp.371-381.